Adieu bordel !

De la même autrice

Et toi, tu fais comment ? Flammarion, 2014.
40, c'est le nouveau 30, Flammarion, 2016.

Julia Vignali

Adieu bordel !

Comment gagner du temps, de l'argent et des moments de bonheur

Flammarion

ISBN : 978-2-0804-1376-5

Merci à mon fils d'exister et de ranger sa chambre.

Merci à l'homme que j'aime de laisser parfois traîner ses chaussettes.

Sommaire

Troisième partie
ORGANISER, C'EST PLUS DE TEMPS POUR PROFITER

Quatrième partie
ORGANISER, C'EST RESPECTER LES AUTRES

Cinquième partie
ORGANISER, C'EST BON POUR LA SANTÉ !

Introduction

L'humanité se divise en deux : d'un côté, les organisés, et de l'autre, les bordéliques. Chaque camp fustige l'autre et l'accuse de tous les maux. Je suis sûre que vous savez déjà où vous situer... Figurez-vous que moi aussi : je me place avec délectation au premier rang des filles hyperorganisées. Mieux : je revendique ma passion du rangement, de l'organisation et de l'anticipation.

Or, souvent, qui dit organisation dit ennui, obligation, absence de plaisirs et de joie. Croyez l'hyperorganisée que je suis : tout est faux ! J'aime la vie, j'aime m'amuser, j'aime rire et bien manger, j'aime voyager, j'aime profiter. J'ai un métier qui me passionne mais qui me prend beaucoup de temps, un amoureux, un enfant, bref, je pourrais facilement me laisser déborder par le quotidien. Mon secret pour ne pas sombrer : l'organisation.

Oui, je l'affirme bien haut : je suis organisée ! Et ce n'est pas seulement un trait de caractère, une marotte pour passer le temps : c'est un véritable art de vivre qui permet de régler bon nombre de problèmes au quotidien. Organiser, c'est gagner du temps pour profiter à fond de chaque minute qui passe. Organiser, c'est optimiser ses dépenses pour s'offrir la vie qu'on souhaite. Organiser, c'est le gage d'une vie de famille paisible et d'une diminution de la charge mentale qui pèse souvent sur nous, les femmes. Organiser fait du bien à la tête et au moral, facilite la bonne entente amoureuse, permet de dégager du temps pour soi, celui qu'on a tendance à sacrifier en premier, et aussi de garder sa spontanéité. Organiser, c'est se débarrasser de tout ce qui nous encombre, nous alourdit, pour enfin pouvoir vivre notre vie.

Plus que tout, organiser, c'est le secret d'une vie heureuse. C'est glamour, c'est sexy. C'est rock ! Organiser, rien de mieux pour vivre heureux. Adieu bordel ! Bonjour bonheur !

On peut être bordélique dans sa tête comme chez soi. Mais rassurez-vous : si le désordre vous pèse, être organisé s'apprend, même quand on part de loin. Il n'est jamais trop tard pour s'y mettre ! Et une fois que c'est fait, ça vaut pour toute la vie, si tant est qu'on y mette un peu du sien chaque jour.

Une des sources du problème ? Nos vies professionnelles et personnelles beaucoup trop remplies. On en fait tous trop et certains d'entre nous perdent pied. La crise sanitaire que nous avons subie ces deux dernières années nous a poussés à davantage nous recentrer pour gagner en sérénité : elle a changé nos quotidiens, nos rythmes de vie, mais aussi nos envies et nos attentes. Elle a donné un nouveau sens à nos existences, une nouvelle direction. Elle a mis le doigt sur quelques absurdités et sur les mauvais plis qu'on ne veut plus prendre. Elle a généré chez un grand nombre d'entre nous un besoin viscéral de liberté. Or, quand tout est à sa place, on gagne en légèreté, le premier pas vers cette liberté qui nous a tant manqué, dans tous les aspects du quotidien comme dans l'agencement de nos pensées.

En ce qui me concerne, mon besoin d'organisation a commencé bien avant la pandémie. Je dis « besoin » car au début c'en était un. Je n'ai jamais été diagnostiquée comme telle mais je ressens parfois comme des troubles de l'attention. Je m'en suis rendu compte assez tôt à l'école. À l'époque, on était très loin de la prise en charge d'aujourd'hui. Alors j'ai pallié moi-même mes propres manques. J'ai mis en place un système ultraorganisé afin de ne pas perdre pied en classe. Je vous donne un exemple : lorsque je devais réviser, j'utilisais une méthode bien à moi, et qui a fait halluciner pas mal de mes copines. Je prenais mes cours sur un cahier, que j'apprenais par cœur sur le bout des doigts. Dès que je savais une page, je la collais à la précédente. Ainsi, je savais que j'avais terminé de réviser quand la totalité des pages de mon cahier… étaient collées les unes aux autres. Imaginez la tête de mes amis de l'époque lorsqu'ils me demandaient de leur passer mes cours…

Comment organiser au mieux nos espaces comme notre tête ? Les méthodes sont nombreuses, mais le principe est toujours le même : trier/désencombrer/ranger. TDR. Vous verrez, le trio est magique ! Il existe plein d'outils vraiment utiles et efficaces pour vous aider : les agendas partagés, les *to do list*, des applis, des blogs… et même des coachs ! Il y en a pour tous les goûts et toutes les bourses, impossible que vous ne trouviez pas ce qui vous correspond.

Une fois le travail accompli, il ne reste plus qu'à entretenir. Peut-être vous aura-t-il fallu prendre de nouvelles habitudes : préparer vos vêtements la veille après avoir consulté la météo, cuisiner en avance le week-end pour toute la semaine, ou vous séparer de certaines personnes de votre entourage… Mais le plus gros sera déjà fait !

Tout au long du livre, je partagerai aussi avec vous tous mes trucs et astuces pour rester organisé. Avec à la clé une promesse : à vous la liberté, le bonheur et la sérénité ! La vie est bien trop courte pour en perdre la moindre seconde à courir après l'horloge, errer dans les allées d'un supermarché bondé, se noyer sous les centaines de mails non lus ou côtoyer des personnes toxiques plutôt que de profiter, s'amuser, aimer… Vous ne trouvez pas ?

Première partie

TDR : TRIER, DÉSENCOMBRER, RANGER, ET LE TOUR EST JOUÉ !

Les méthodes pour apprendre à ranger, à s'organiser, se sont multipliées ces quinze dernières années, déclinées dans toutes les langues, pour toutes les bourses, en livres comme en applis, en blogs comme en émissions de télévision, de sites Internet en agences de coachs. Je ne vais pas vous proposer ici une méthode inédite qui révolutionnera le genre – tout a été dit ou presque sur le sujet –, mais plutôt une stratégie « antibordel ». Dans ce chapitre, je vous propose un tour d'horizon des fondamentaux d'un rangement réussi, point de départ obligatoire pour rester organisé en toutes circonstances.

Chapitre 1

TDR, c'est la clé !

Quelle que soit la technique que vous allez employer pour organiser ou réorganiser votre vie, vous ne pourrez y échapper : d'abord il faut ranger. Et rien de mieux, pour commencer, que de trier, puis de désencombrer, et seulement enfin de ranger. « Trier, désencombrer, ranger » : les trois piliers d'un rangement réussi. Et ce trio fonctionne absolument dans tous les domaines : votre intérieur, votre ordinateur, vos vêtements, vos papiers administratifs, votre santé, les tâches quotidiennes et même vos relations professionnelles ou amicales !

À chaque méthode de rangement ses spécificités, à chaque coach sa particularité : il y a autant de façons de ranger que de professionnels de l'organisation. Mais tous, sans exception, vous demanderont de suivre ces trois étapes, et… dans l'ordre s'il vous plaît : trier, désencombrer, ranger.

Trier

Trier se fait en deux temps.

Première étape : faire des tas ! Par catégorie d'objets, par famille, par pièce, par goût, peu importe, on commence toujours par rassembler en un même endroit les pulls avec les pulls, les médicaments avec les médicaments, les livres avec les livres, les casseroles avec les casseroles... Cet état des lieux de ce qu'on possède est primordial pour amorcer efficacement le processus.

Deuxième étape, la plus difficile pour beaucoup d'entre nous : dans chaque tas, choisir entre ce qu'on garde et ce dont on se sépare. La méthode ? Se poser les bonnes questions : « Depuis combien de temps n'ai-je pas porté ce pull ? », « ai-je vraiment besoin de trois couteaux à beurre ? », « ai-je suffisamment de place chez moi pour garder mes huit derniers smartphones ? », « ce guide de voyage sur le Berry m'apporte-t-il de la joie ? », « ce vieux vase ébréché a-t-il de la valeur, même si c'est un cadeau ? »... Il convient de s'interroger sur l'utilité de l'objet, la place qu'il prend, sa valeur, son état, le nombre d'exemplaires qu'on possède, le plaisir qu'on tire à l'avoir chez soi...

Attention : se poser les bonnes questions, c'est bien, mais répondre en toute objectivité, c'est mieux ! C'est même essentiel. Et ça demande un certain courage : se séparer d'un objet est souvent douloureux, surtout s'il a une valeur sentimentale.

C'est aussi parfois très anxiogène : et si je venais à avoir besoin d'un objet dont je viens de me séparer ? Panique ! Angoisse ! Malheur !

Mais tous les professionnels du rangement vous le diront : passer outre à sa peur est salutaire et vous rendra très fier de vous.

Désencombrer

La deuxième marche à gravir est de désencombrer, c'est-à-dire se débarrasser de ce qu'on ne garde pas pour faire de la place aux objets qu'on a décidé de conserver.

Vous voilà désormais avec deux tas d'objets devant vous : ceux que vous gardez et ceux dont vous allez vous séparer. Avant de vous occuper des objets que vous conservez, il faut d'abord s'attaquer à ceux que vous ne voulez plus.

Là, trois choix s'offrent à vous :

– jeter ;
– donner ;
– vendre.

Je vous donne un exemple : j'ai vidé tout mon dressing – mais j'aurais tout aussi bien pu prendre comme exemple le tiroir à couverts. J'ai donc deux tas de vêtements devant moi : ceux dont je me sépare, et ceux que je garde. Parmi ceux dont je me sépare, il y en a que j'ai envie de vendre – eh oui, je vous l'ai dit, ranger, c'est gagner de l'argent –, d'autres de donner – vous ferez des heureux – et enfin d'autres encore de jeter – on se sent plus léger.

Attention : désencombrer, ce n'est pas déplacer d'un lieu à l'autre. On serait tenté de se dire que, plutôt que de jeter, donner ou vendre, on pourrait prendre les trois tas et les mettre dans le grenier, la cave ou le garage… voire un garde-meuble. Désencombrer, c'est apprendre à se séparer du superflu, pas récréer un nouveau bazar ailleurs. Et sachez que grenier, cave et garage sont aussi des pièces à prendre en compte dans le TDR.

Ranger

Il ne reste désormais plus qu'un tas par catégorie ou famille d'objets : celui qu'on conserve. Il faut maintenant assigner une place à chaque chose. Ranger, ce n'est rien d'autre que ça : remettre à la place qu'on lui a attribuée l'objet dont on s'est servi.

Pour cette dernière étape aussi, les méthodes sont multiples :

– pièce par pièce : on remet dans la pièce dont on l'a sorti l'objet qu'on garde (les casseroles dans la cuisine, les produits de beauté dans la salle de bains, les fiches de paie dans le coin bureau…) ;

– par sens de circulation : on place l'objet là où on en a besoin, pas forcément avec les autres objets de la même famille (les clés de la porte d'entrée dans un vide-poches dans l'entrée et pas dans le tiroir du bureau avec les autres, le papier toilette dans les W.-C. et pas dans la buanderie, les verres à whisky dans le salon et pas avec les verres à vin dans la cuisine...) ;

– par famille d'objets : les pulls noirs avec les pulls noirs, les produits d'entretien avec les produits d'entretien, les verres avec les verres ;

– ou tout à la fois, suivant une logique qui vous est propre.

Moi, par exemple, je fais fi de certaines injonctions : j'ai deux armoires à pharmacie, une dans la cuisine pour les traitements à prendre et les « bobos » du quotidien, et une de stockage dans la salle de bains, je range le linge de lit dans la chambre qui lui correspond, les chaussures de la saison en cours sont dans l'entrée alors que celles des autres saisons sont dans une boîte sous mon lit...

L'important est que le rangement que vous avez choisi corresponde à votre lieu et à votre mode de vie, et qu'il vous fasse gagner du temps.

Pérenniser

Maintenant que vous avez relevé haut la main le défi du TDR, il ne vous reste plus qu'à pérenniser cette nouvelle organisation de vie. Comment ?

C'est finalement assez simple. Vous avez fait le plus dur ! Il vous faudra un peu de temps – personnellement, je passe environ une heure à ranger et organiser par jour, soit sept heures par semaine. Certains penseront sûrement : « Sept heures ! Mais c'est énorme ! » Sur les cent soixante-huit heures que compte une semaine, ça n'est pas tant que ça, avouez.

Le truc pour ne pas s'épuiser, c'est de ne pas laisser traîner l'objet ni remettre les tâches à plus tard : vous utilisez un objet, vous le rangez sans même y penser une fois qu'il a rempli sa fonction. Car maintenant que votre intérieur est organisé, il a une place attitrée ! Par exemple : mettre dans la panière de linge les vêtements sales et ranger les propres dès que vous les enlevez le soir, même s'il est tard et qu'on a la flemme, vous prendra moins de temps et la tête que de trier un tas d'habits sales un samedi matin. Idem pour le courrier de la semaine. Parce qu'on a autre chose à faire de bien plus sympa, le samedi matin. Comme aller boire un café en terrasse, jouer avec nos enfants, lire, faire du yoga ou juste… rien ! Non ?

Chapitre 2

C'est bien beau tout ça, mais...

« Je n'ai pas le temps »

C'est vrai, organiser ou réorganiser sa vie prend du temps. Alors, mon conseil : pas de pression ! Certaines méthodes préconisent de tout faire d'un coup d'un seul. Dans nos existences surchargées, pas évident de dégager trois jours pour mettre de l'ordre dans son appart, son ordinateur, ses relations... Pour moi, le planning idéal n'existe pas. Mais rien de mieux pour se lancer et se motiver que de commencer par le plus facile : l'armoire à pharmacie ou le tiroir à épices.

Le seul mot... d'ordre : quand vous commencez une tâche, allez au bout. Toujours. Dosez vos efforts et ne vous lancez pas dans une tâche titanesque – désencombrer le garage ou la cave, trier les papiers administratifs des dix dernières années – si vous n'avez pas de temps devant vous.

Pour lutter contre cette satanée procrastination qu'on connaît tous, faites-en moins, mais faites !

Et je vous le jure, ce sera loin d'être du temps perdu : une fois que c'est fait, quel temps gagné pour le reste de votre vie !

« Je n'ai pas la place »

Les plus grandes théories du rangement viennent de pays où le mètre carré est rare ; c'est donc que ce n'est pas un problème de place. Prenez la célèbre méthode Konmari, inventée par Marie Kondo : elle nous vient du Japon. Quelles que soient les surfaces, des plus petites aux plus grandes, des mieux équipées en rangements aux espaces vides ou biscornus, il est possible d'organiser son lieu de vie. Tout est une question de méthode et aussi d'un peu d'imagination. Dans les espaces plus confinés, chaque centimètre carré compte, et toutes les astuces sont bonnes pour gagner de la place : boîtes sous les lits, sacs sous vide, penderies relevables, placards en hauteur ou sous les escaliers… Alors oui, parfois, nos lieux de vie nous semblent petits : raison de plus pour bien les organiser !

« Je suis né bordélique et j'aime ça ! »

Ah ah… Permettez-moi de vous poser une question : si je vous dis que je fais passer tous les jours chez vous une personne qui va nettoyer et ranger (oui, tous les jours) gratuitement, allez-vous me répondre : « Nan, merci, vraiment, c'est pas la peine, j'adore vivre dans le désordre... » ? Attention, il faut être franc, souvenez-vous... Alors ? Allez, ne faites pas votre mauvaise tête. Et laissez-moi vous convaincre des bienfaits d'une vie organisée.

« Je ne suis pas fait pour le rangement : chaque fois que j'essaie, j'échoue... »

Beaucoup me disent qu'ils ont bien déjà essayé, oui, et plus d'une fois même. Mais qu'à peine leur maison rangée, leurs papiers triés, leurs relations amicales clarifiées, paf ! c'était de nouveau très vite le bazar. Surtout ne jamais désespérer ! Les échecs sont usants, et très démoralisants. Mais même les plus bordéliques, si tant est qu'ils aient envie de changer, peuvent réussir à devenir organisés. Il suffit de trouver la méthode, les conseils et les astuces qui vous conviennent *à vous* et vous permettent, après le TDR, de ne pas replonger dans le bordel. Il en existe suffisamment aujourd'hui, pour tous les profils et toutes les bourses, pour que vous trouviez celle qui vous parlera, vous motivera et vous comblera : sites, applis, livres, coachs en organisation personnelle ou professionnelle sont là pour vous aider.

« Ça fonctionne uniquement pour les objets, ton truc »

C'est là que ma petite stratégie devient vraiment intéressante. Si on y réfléchit bien, elle marche pour tout : les objets, oui, mais aussi… les gens ! Qu'est-ce qui vous empêche de « faire le tri » dans vos connaissances, de « désencombrer » votre carnet d'adresses ou votre répertoire téléphonique ? Finalement, la vie, c'est comme un plan de table de mariage : il y a les très proches des mariés, les tables avec les membres de la famille, celles avec les amis du travail, celles avec les amis d'enfance… Bref, on « range » tous les gens dans notre tête. Cela nous permet de ne pas nous entourer de personnes qui ne nous correspondent plus, ou qui sont toxiques, et d'accorder le meilleur de nous-même à ceux qui comptent vraiment pour nous.

Et n'oubliez jamais une chose : ordre ou désordre, rangement ou bordel, organisation ou free style, anticipation ou dernière minute, l'important, c'est d'y trouver son compte et d'être bien dans ses baskets.

Chapitre 3

Organiser, ranger, anticiper, c'est rock, fun et glamour !

Je voudrais tout de suite balancer un grand coup de pied dans toutes les idées reçues sur les gens organisés. « Aucune spontanéité », « aucune créativité », « aucune liberté », « triste, ennuyeux, chiant, ne sait pas s'amuser », « psychorigide, intolérant, exigeant, égoïste, égocentrique »... Voilà ce qu'on entend toujours dès qu'on ose les mots « rangement » ou « organisation ». Est-ce que ces qualificatifs vous viennent à l'esprit quand vous pensez à moi ? En toute honnêteté ? Non ! Et, vrai, j'ai plein de défauts, mais pas ceux-là.

C'est parce que je maîtrise mon emploi du temps et celui de ma famille que je peux proposer : « Et si on partait en week-end dans deux heures ? », « Et si on allait au ciné dans dix minutes ? », « Et si on allait pique-niquer au bord du lac ? » Non seulement je sais que je peux le faire, mais aussi et surtout que ça ne me mettra en retard sur aucune de mes autres activités ou tâches à accomplir. Je suis donc plus détendue, plus disponible pour m'amuser et profiter de la vie avec ceux que j'aime.

Savoir que j'ai du temps pour moi parce que j'ai organisé la semaine à venir me permet aussi de ne pas stresser les autres, mes collègues ou ma famille, de peur d'être en retard : je maîtrise le timing, donc j'ai la liberté de laisser aux autres la leur. De ne pas les « faire chier », pour être claire.

Je vous vois, vous, là-bas, penser : « Elle doit vivre dans un appartement témoin tellement tout est rangé au millimètre… » Faux ! Ce n'est pas parce que mon intérieur est rangé qu'il n'y a pas de vie chez moi. C'est justement parce que chaque objet a une place et y est remis après utilisation que je ne perds pas de temps à les chercher, et que je peux très vite faire tout un tas de choses passionnantes autres que partir en quête de mes clés ou de la télécommande ! Organiser son intérieur, ce n'est pas mettre le mobilier sous des housses en plastique, interdire aux gens de toucher quoi que ce soit : c'est mettre à disposition un endroit confortable, rassurant où on aime chiller, travailler… vivre, quoi !

Quant à nous faire traiter d'égoïstes, nous, les ordonnés, je crois que c'est le qualificatif qui me surprend le plus. Il n'y a pas plus altruiste que quelqu'un d'ordonné. Offrir à votre famille, votre mec, vos enfants, un espace de vie visuellement calme, serein – je n'ai pas dit minimaliste et froid ! –, où on peut s'étendre sur le canapé sans se blesser le dos avec un jouet qui traîne, où les vêtements sont propres et accessibles facilement, où ils ne mettront pas mille ans à trouver leurs affaires, pensez-vous que ce soit une attitude égoïste ? Arriver à l'heure à ses rendez-vous, est-ce une attitude égoïste ? C'est tout l'inverse ! Et pour peu que tout le monde y mette du sien, le cocon familial devient un lieu de paix où il fait bon vivre, et d'où, comme par magie, s'éloignent les disputes stériles…

Maintenant que ces choses-là sont dites, entrons dans le monde merveilleux des gens organisés et heureux.

« Organiser, ce n'est pas mettre
de l'ordre. C'est donner de la vie. »

Jean-René Fourtou

Deuxième partie

ORGANISER, C'EST BEAUCOUP D'ARGENT GAGNÉ

Pas la peine de se cacher derrière notre petit doigt : quel que soit notre statut social, l'argent compte dans notre vie. Plus qu'on ne veut bien l'admettre parfois, mais c'est un fait : il nous faut de l'argent pour vivre. Quoi de plus satisfaisant que de maîtriser son budget, voire de faire des économies ? En étant organisé et prévoyant, vous n'imaginez pas à quel point vos finances vont vous dire merci.

Chapitre 4

Vendre ce dont on ne se sert plus, une bonne façon d'arrondir ses fins de mois

L'une des étapes essentielles du rangement de votre intérieur est le tri, nous l'avons vu. Une fois que des tas d'objets que vous ne voulez pas garder jonchent le plancher, trois solutions s'offrent à vous pour vous en débarrasser : les jeter, les donner ou les vendre.

Lorsque vous avez terminé le TDR de votre cuisine, par exemple, il vous restera sûrement des couverts en triple, des assiettes en bon état mais dont la décoration fleurie vous sort par les yeux, un vieux robot mixeur en parfait état de marche mais qui a depuis longtemps été remplacé par son petit frère dernier cri. Dans ce cas, vendez-les sur Internet. Toutes les grandes enseignes d'électroménager ont aujourd'hui un service dédié à la récupération ou à la seconde main. Avec encore quelques euros de gagnés à la clé.

Adieu bordel !

Vêtements, livres, jouets, mobilier, électroménager, ustensiles de cuisine, linge de maison... Il existe aujourd'hui de nombreux sites sur lesquels vous pouvez vendre vos objets superflus. En quelques clics et deux ou trois photos, le tour est joué. Si vous préférez le contact humain, tournez-vous vers les dépôts-ventes – qui prendront une commission sur les ventes mais restent rentables malgré tout –, les vide-greniers ou les brocantes. Rapprochez-vous de la mairie dont vous dépendez pour connaître les dates des différentes manifestations et réserver un emplacement – il vous en coûtera quelques euros parfois, mais pas toujours, renseignez-vous.

En plus de faire du bien à la planète, vous récolterez ainsi quelques euros supplémentaires avec lesquels vous pourrez vous faire plaisir ou gâter ceux que vous aimez.

Les 10 sites de vente

Il est désormais facile de vendre ce qu'on ne veut plus : vêtements, électroménager, meubles, jouets, livres... Voici 10 sites qui ont fait leurs preuves dans la seconde main :

– Vinted : https://www.vinted.fr ou l'application Vinted sur tablette et smartphone ;

– eBay : https://www.ebay.fr ou l'application eBay sur tablette et smartphone ;

– Le Bon Coin : https://www.leboncoin.fr ou l'application Leboncoin sur tablette et smartphone ;

– Vide-dressing : https://www.videdressing.com ou l'application Videdressing sur tablette et smartphone ;

– La Reboucle, site de seconde main de La Redoute : https://www.laredoute.fr/content/la-reboucle ;

– Vestiaire collective : https://fr.vestiairecollective.com ou l'application Vestiaire Collective sur tablette et smartphone ;

– Label Emmaüs : https://www.label-emmaus.co/fr et application Emmaüs France sur tablette et smartphone ;

– Fnac 2nde Vie : https://www.fnac.com/reconditionne-occasion/seconde-vie ou l'application Fnac sur tablette et smartphone ;

– Darty 2nde Vie : https://www.darty.com/nav/achat/occasion/index.html ;

– Amazon Warehouse : https://www.amazon.fr ;

– Momox : https://www.momox.fr (site spécialisé dans l'achat et la vente de livres).

Chapitre 5

Savoir ce qu'on possède pour éviter d'acheter en trop... et trop !

Sans être une extrémiste de la déconsommation, je suis toujours surprise du nombre d'objets que je peux détenir et je me dis souvent que je pourrais faire pareil avec moins : moins de casseroles, moins de couverts, moins de vêtements, moins de meubles... Entreprendre de ranger son intérieur a aussi cette vertu : nous faire prendre conscience que nos placards débordent et de la somme considérable que cela représente. Comment réagir autrement face à tous les tas de pulls (parfois tous de la même couleur), de jupes, de chaussures (nous n'avons que deux pieds, je vous le rappelle), de vaisselle, de livres (peu de chances qu'on les relise tous un jour), de jouets (quand on sait le nombre de fois par week-end où les enfants se plaignent d'ennui...) qui recouvrent le sol ?

L'un des intérêts du rangement est qu'une fois que vous aurez trié, désencombré et organisé votre chez-vous, vous posséderez moins d'objets – voire beaucoup moins –, c'est mathématique. Vous aurez aussi une idée assez précise de ce que vous possédez. Terminés désormais les achats en double, voire en triple : je sais ce dont j'ai besoin, voire envie – ne boudons pas notre plaisir –, plus question d'accumuler pour accumuler. Et ça fonctionne pour tout : vous ne rachèterez plus rien inutilement, juste parce que vous ne mettez plus la main dessus. Finis les trois coupe-ongles, les quatre râpes à fromage, les six tubes de cirage incolore ou les dix pulls noirs : maintenant que chaque objet est à sa place et que vous savez où le trouver, plus besoin de le racheter. Et vive les économies !

Chapitre 6

Comment mon « administrophilie » me fait gagner de l'argent

Comment classer ses papiers ?

Je suis dingue des « papiers » : relevés de compte, contrats d'assurance ou abonnements, factures de téléphone ou d'électricité, déclarations d'impôts... Je l'avoue : je suis « administrophile ». Quel rapport avec l'organisation et le rangement, me direz-vous ?

D'abord, chez moi, tous les papiers administratifs sont rangés dans des chemises cartonnées de différentes couleurs, étiquetées pour que je m'y retrouve plus vite. Dès que j'en reçois un, je le classe immédiatement après l'avoir « traité » : dans la bannette « à faire » s'il s'agit d'une échéance plus lointaine, dans le dossier qui lui correspond si je n'en ai plus besoin. OK, cette activité est loin d'être une corvée pour moi, j'adore classer mes papiers, et je peux entendre qu'elle en démotive plus d'un. Mais, en toute objectivité, quoi de plus rapide que d'aller ranger cette facture acquittée ou cette quittance de loyer dans un dossier ? Une fois que c'est fait, ce n'est plus à faire !

Faites l'effort la prochaine fois de ranger immédiatement le papier administratif que vous venez de recevoir plutôt que de le laisser traîner. Ça ne vous prendra pas plus de quelques minutes, et quelle satisfaction de ne plus avoir à y penser ! Et de savoir où le trouver quand vous en aurez besoin.

Ne laissez pas les factures s'entasser

Non seulement j'aime ranger les documents administratifs, mais je ne procrastine jamais pour m'en occuper. J'essaie toujours de régler mes factures, mes contraventions, mes échéances à temps, pour ne pas payer de pénalités de retard. Rien ne m'agacerait plus que de payer plus que ce que je dois juste parce que la date butoir est dépassée ! Grâce à la chemise « À traiter », je peux garder à portée de main les documents qui seront à régler plus tard. Je glisse dans l'agenda de mon téléphone ou dans mon agenda papier une alerte à date. Comme ça, impossible de se laisser déborder.

Il arrive parfois qu'il soit difficile d'honorer une échéance. Mais faire l'autruche et laisser le calendrier vous échapper peut vous coûter très cher ! Au contraire, contactez les services concernés ; il est souvent possible d'échelonner les paiements en cas de coup dur.

Gagnez de l'argent en ouvrant votre courrier !

Comme l'administratif, c'est ma passion, j'aime aussi décortiquer les factures, les contrats, les relevés bancaires, même les feuilles d'impôts. Et très souvent, je repère çà et là des cases vides alors qu'elles ne devraient pas l'être, des lignes supplémentaires, des frais par-ci, des reliquats par-là, des remboursements non effectués... Je n'y passe pas des journées entières, mais je m'attarde sur le document avant de le classer. C'est un bon moyen de récupérer quelques euros.

De même, pour ne pas oublier qu'un contrat arrive à terme, je mets une alerte sur mon agenda ou dans mon téléphone. Ainsi, j'ai la liberté d'y mettre fin, ou de négocier pour obtenir de meilleurs tarifs (de téléphonie mobile, de fournisseurs d'Internet, de mutuelle, de banque, d'assurance, de clubs de gym...). Et aussi d'en éliminer. Le nombre d'abonnements par Français ne cesse d'augmenter : de 2,4 en 2017, nous sommes passés à 9,4 ! Parmi cette presque dizaine d'abonnements, je suis sûre qu'il en est certains dont vous pourriez vous passer...

Alors la prochaine fois que vous ouvrirez votre boîte aux lettres pour relever le courrier, pensez à moi : dans chaque enveloppe il y a peut-être des économies à faire.

Combien de temps conserver les papiers ?

À conserver à vie :

– carnet de santé, de vaccination et certificat de groupe sanguin ;
– certificats, examens médicaux, radiographies ;
– livret de famille, contrat de mariage, jugement de divorce ou d'adoption ;
– titres de propriété ;
– bulletins de paiement de la pension de retraite.

À conserver 10 ans :

– assurance-vie (contrats et relevés) ;
– preuves de paiement des charges de copropriété ;
– factures liées à des travaux.

À conserver 5 ans :

– avis de versements d'allocations familiales ;
– factures eau, gaz, électricité ;
– relevés de compte, talons de chèque.

À conserver 3 ans :

– déclarations de revenus et avis d'imposition sur le revenu ;
– échéances d'allocations chômage ;
– notes de frais ;
– contraventions pour amende forfaitaire.

À conserver 2 ans :

– récapitulatifs de remboursements d'assurance maladie ou maternité ;
– attestations d'entretien annuel de la chaudière ;
– contrats de prêt (immobilier ou consommation) ;
– échéances des APL (aides pour le logement) ;
– preuves de restitution de matériel (box, téléphone fixe).

À conserver 1 an ou moins :

– chèques à encaisser : 1 an et 8 jours ;
– avis d'impôts locaux (taxes foncières et d'habitation) : 1 an ;
– contrats de ramonage : 1 an ;
– factures de téléphone fixe : 1 an ;

– ordonnances médicales : 1 an ;

– reçus pour solde de tout compte : 6 mois.

À conserver en durée relative :

– bulletins de salaire, contrats, certificats de travail : jusqu'à la liquidation de la retraite ;

– quittances de loyer : durée de la location + 3 ans ;

– attestation Assedic ou Pôle Emploi : jusqu'à l'obtention de l'allocation chômage.

Source : www.service-public.fr

Chapitre 7

Maîtriser son budget courses

Je ne sais pas pour vous, mais moi, je n'ai aucun talent pour la cuisine. Je ne sais jamais quoi faire à manger, et quand je me lance… c'est souvent raté. De plus, mon rythme de vie fait que je prends rarement mes repas avec le reste de la famille, sauf les week-ends. Donc imaginer les menus… Il n'empêche que, comme tout le monde, je dois malgré tout me nourrir et nourrir ma famille. Je réfléchis donc aux associations d'aliments pour envisager des repas équilibrés : quels fruits, quels légumes, quelles protéines, quels produits laitiers…

Et arrive le moment où je dois faire les courses. Aujourd'hui, entre les livraisons, le click and collect, le drive, les commandes sur Internet, chacun peut trouver la formule qui lui convient suivant son emploi du temps et ses revenus.

Les produits alimentaires coûtent de plus en plus cher, nous en sommes tous les témoins malheureux. Or, en étant un minimum organisé, on peut maîtriser son budget courses. Mon truc : faire une liste précise de ce dont j'ai besoin. Comment ? En imaginant les menus de la semaine chaque week-end. Ainsi, je sais exactement ce que je dois acheter, je peux envisager un budget et ne pas le dépasser.

Si vous faites vos courses dans les grandes enseignes, n'hésitez pas à collecter les bons de réduction et à prendre la fameuse « carte du magasin ». Mis bout à bout, ces avantages peuvent vous faire économiser une jolie somme. Réservez une enveloppe, ou une chemise cartonnée, dans laquelle vous rangerez vos bons et votre carte. Placez-la tout près du carnet qui vous sert à lister vos produits avant de partir faire les courses. Comme ça, vous ne les oublierez jamais. Ma chemise verte (de la couleur, toujours, mais j'y reviendrai) contenant mon « trésor » est rangée dans un tiroir de ma cuisine, pas très loin du la boîte de médicaments « petits bobos » (ça aussi, j'y reviendrai).

Il existe aussi désormais des prestataires qui livrent, sur abonnement, les menus de la semaine jour par jour ainsi que les ingrédients pour cuisiner les recettes proposées. C'est une bonne solution pour maîtriser son budget et une bonne astuce antigaspi quand on a un plus gros budget. Enfin, n'hésitez pas à fréquenter les magasins de déstockage alimentaire, qui proposent à la vente des produits non écoulés dans le circuit traditionnel – nouvel emballage, défaut d'étiquetage, date limite de consommation courte, stocks trop importants… Le site Internet www.destockeurs-alimentaires.fr vous permettra de trouver en quelques clics les magasins les plus proches de chez vous.

Chapitre 8

Traquer les dates de péremption et autres dates limites de consommation

Le tiroir à épices de ma cuisine est un de mes terrains de jeux favori : quoi de plus « satisfaisant » que de trier et ranger les flacons aux bouchons colorés ! Par-dessus tout, ce que je préfère, c'est traquer les pots périmés. Mettre la main sur une date dépassée et me débarrasser du produit me met en joie !

Mais vérifier les dates de péremption ou limites de consommation, au-delà d'assouvir mes bas instincts, est aussi une bonne façon de faire des économies. Dans les magasins d'abord : si vous cherchez un produit frais à consommer le jour même, souvent, vous le trouverez à moins 30 % en rayon : il n'est pas mauvais pour la santé, il n'est simplement bientôt plus bon à la vente. Si vous êtes bien organisé, que vous avez établi vos menus à l'avance et que vous savez que tel jour, par exemple, c'est filet de poulet / purée de carottes, prenez le temps de vous rendre au supermarché le jour J, et économies assurées sur le poulet !

Au contraire, si vous faites vos courses une fois pour toute la semaine, la quinzaine ou le mois, n'hésitez pas à aller chercher vos produits tout au fond du rayon ; ils sont classés par date de péremption ou limites de consommation de la plus proche à la plus lointaine. Plus la date est éloignée, plus vous aurez le temps de consommer le produit et moins vous gaspillerez.

Moi, j'ai une astuce infaillible en ce qui concerne la gestion des dates de péremption. Chaque dimanche, je fais le tour de mon frigo en inspectant les dates des produits qui s'y trouvent et j'adapte mes menus. Par exemple, si j'ai prévu une brandade de morue jeudi et que je m'aperçois que mon poisson périme mercredi, je change de menu journalier. Quel plaisir de ne pas jeter la nourriture…

Les dates de péremption

Les produits périssables affichent tous une date de péremption, c'est obligatoire. Différents types de dates existent selon le produit : DLC, DLV ou DLUO. Comment s'y retrouver ?

DLC et DLV : la date limite de consommation (DLC) ou la date limite de vente (DLV) indiquent jusqu'à quel moment le produit peut être consommé – « À consommer jusqu'au jour/mois/date ». Elle est à respecter impérativement car elle concerne des produits frais et dits « fragiles » comme la viande, le poisson, les produits laitiers…

La DLUO : la date limite d'utilisation optimale – « À consommer de préférence avant… » – est suivie :

– d'un jour et d'un mois spécifiques lorsqu'elle concerne les produits dont la durabilité est inférieure à 3 mois ;

– d'un mois et d'une année pour les produits dont la durabilité se situe entre 3 et 18 mois ;

– et seulement d'une année pour les produits dont la durabilité est inférieure à 18 mois.

Elle n'est pas impérative : si la date est dépassée, le produit peut encore être consommé sans réel danger pour la santé. Il pourra cependant être altéré en perdant ses qualités diététiques, son goût initial.

Exceptions :

– Un yaourt ou une brique ou bouteille de lait non ouverts peuvent être consommés encore 15 jours après la date de péremption.

– Les œufs portant la mention « frais » peuvent être consommés a priori durant 4 semaines.

Pour les œufs dits « extra-frais », ils le sont dans les 9 jours qui suivent la ponte. Cependant, ils peuvent être consommés au-delà des 9 jours. Simplement, il faut garder à l'esprit qu'ils ne sont plus extra-frais. Abandonnez l'idée de manger un œuf à la coque au-delà de ce délai ! Faites plutôt des crêpes.

Fiez-vous à vos sens : si le produit vous paraît sentir mauvais ou avoir un aspect douteux, surtout ne le consommez pas !

Chapitre 9

Anticipez vos vacances !

Ah, le budget vacances… Ceux qui ont la chance de pouvoir en prendre savent que deux options s'offrent à eux : que ce soit le train, l'avion, l'hôtel all inclusive, le camping ou une maison de location, réserver le plus tôt possible ou alors en toute dernière minute. Ce sont les deux moyens les plus efficaces de faire des économies sur les vacances.

Si on veut s'y prendre très en amont, il faut être un minimum organisé : se mettre très tôt d'accord sur les dates de congés de la famille, surveiller les annonces de promotion par mail ou sur les réseaux sociaux, mettre une alerte sur son téléphone pour ne pas manquer l'ouverture des réservations. Moi, par exemple, dès que je connais les dates de mes congés, je booke mes vacances. Il m'arrive de prendre des billets pour les vacances de Noël au début de l'automne. Ou de régler un acompte pour l'été suivant… le 15 octobre. Et lorsque je regarde les prix de vacances similaires le 15 mai, je pâlis d'horreur : bien souvent, ils ont explosé ! Je me félicite donc d'avoir pu anticiper et m'organiser, pour ne pas avoir l'impression de me faire arnaquer.

L'autre possibilité ? Le last minute. Si vous en avez l'habitude, foncez ! Mais ça aussi, ça s'anticipe et ça s'organise. Très tôt, prévenez votre conjoint, votre famille, que les vacances se décideront une semaine avant. Abonnez-vous aux sites qui proposent des promos de ce genre, créez des alertes Internet, bref, soyez prêt le jour J. Et surtout, vérifiez que vos passeports et autres cartes d'identité sont bien à jour… On en a connu qui n'ont pas été plus loin que l'aéroport alors que leur destination était les Tropiques ! Avec toujours le risque de ne pas avoir exactement ce qu'on veut, ni en termes d'hébergement ni en termes de destination. Mais souvent, le jeu en vaut la chandelle : les prix cassés sont très intéressants. Et les vacances tout aussi réussies.

Sites et applis last minute et voyages à prix cassés

Internet est une mine d'or en ce qui concerne les voyages à prix cassés et les réservations de dernière minute.

Aujourd'hui, tous les grands noms du voyage ont un onglet « last minute » sur leur site : Club Med, Fram, Havas Voyages, Leclerc Voyages, Trivago...

Certains sites sont spécialisés : www.fr.lastminute.com, www.logitravel.com, www.voyage-prive.com, www.promoséjours.com, pour ne citer qu'eux.

Chapitre 10

Faites des économies… d'énergie

Difficile de passer à côté tant le sujet est présent dans l'actualité désormais : l'énergie est un secteur dans lequel il est urgent de faire des économies. Pour notre porte-monnaie comme pour la planète. « Je baisse, j'éteins, je décale »… vous n'avez pas pu passer à côté de ce slogan.

Là encore, tout est question d'organisation. Si vous avez un thermostat programmable, par exemple, prenez le temps de lire la notice : les possibilités sont infinies pour chauffer intelligemment votre intérieur et économiser – baisser la température quand vous êtes absent, la nuit, lorsque vous êtes en congés, grâce à la programmation de plus en plus performante.

Pour ceux d'entre vous qui ont des compteurs heures pleines / heures creuses, là encore, prenez la peine de décaler l'utilisation de votre électroménager – lave-linge, sèche-linge – sur les heures les moins coûteuses. Vérifiez auprès de votre fournisseur d'énergie quelles sont vos différentes plages horaires heures pleines / heures creuses car elles ne sont pas les mêmes partout. Des règles ont cependant été établies pour tous : les heures creuses doivent s'étaler sur une durée de huit heures sur les vingt-quatre que compte une journée, mais pas continues. Quant aux heures pleines, elles sont obligatoires de 8 heures à 12 heures et 17 heures à 20 heures. Cette pratique demande un peu d'organisation : vous ne ferez plus vos machines de linge quand vous y penserez mais au moment qui vous coûtera le moins cher. Croyez-moi, ça vaut le coup d'essayer.

Enfin, adoptez les bons gestes pour votre compte en banque comme pour la planète : éteindre la lumière quand on sort d'une pièce – déjà, quand j'étais petite, mes parents m'expliquaient que « ce n'est pas Versailles, ici » ! –, débrancher les appareils en veille… J'ai personnellement mis en place une routine, qui demande assez peu d'organisation, mais qui est très efficace : chaque soir avant d'aller me coucher, je débranche les appareils en veille. Je pratique cette routine depuis peu, et j'admets qu'il y a encore des appareils que j'ai du mal à éteindre, comme ma box Internet – j'ai toujours peur qu'elle ne se rallume pas le lendemain… c'est idiot, je sais, mais si mon ado se réveille un matin et qu'Internet est hors service, la journée démarrera très mal !

Cette routine, je m'oblige à la suivre tous les soirs ; ça me prend moins de cinq minutes, mais je sais une fois sous la couette que je ne dépenserai pas inutilement mon argent alors que je dors.

« L'ordre est le plaisir de la raison. »

PAUL CLAUDEL

Troisième partie

ORGANISER, C'EST PLUS DE TEMPS POUR PROFITER

Gagner du temps, c'est à ça que sert d'être organisé. Beaucoup pourtant pensent à tort qu'organiser, c'est perdre son temps – « à quoi bon passer des heures à ranger, planifier, anticiper, plutôt que de kiffer ? » Or c'est tout le contraire : éradiquer le bordel de sa vie, c'est faire une place de choix aux loisirs, aux voyages, au temps pour soi et pour les autres, à la spontanéité. Démonstration !

Chapitre 11

Avoir un chez-soi rangé, que de temps gagné !

Trente minutes par jour

Organiser son intérieur est une tâche qui peut s'avérer difficile, voire douloureuse pour certains, mais qui porte ses fruits bien au-delà des espérances de celles et ceux qui se sont lancés. Elle peut prendre un certain temps, voire un temps certain à initier, mais ensuite, ranger est l'activité la moins chronophage du monde.

Une fois le TDR achevé – soit 90 % du boulot ! –, que chaque chose a une place et y est rangée, il ne nous reste plus qu'à entretenir ce que nous venons de mettre en place, soit les 10 % restants. Je me sers d'un objet ? Je le range dès que j'ai terminé. Est-ce que ça me prend du temps ? Non ! Imaginez en revanche d'avoir à ranger, tous les week-ends, la totalité de votre logement, de la chambre des enfants au salon devenu champ de bataille, de la cuisine, où traîne encore de la vaisselle, à votre bureau dont la surface est cachée par le courrier de la semaine… Plutôt envie de partir en courant, n'est-ce pas ? Personnellement, je ne passe pas plus de trente minutes montre en main dans une journée pour ranger ce que j'ai dérangé chez moi. Sur vingt-quatre heures, avouez que ça vaut le coup.

Ranger ses vêtements : à chacun sa méthode

« Je n'sais pas quoi mettre… je n'ai rien à m'mettre… » Que celui ou celle qui n'a jamais prononcé ces phrases passe au chapitre suivant ! Pour les autres, il n'y a rien de pire le matin, quand le temps nous est compté, que d'ouvrir sa penderie et de constater, consterné, devant ses placards remplis à ras bord, qu'on ne sait pas quoi porter. Rien à voir avec l'offre à disposition : la penderie déborde de vêtements en tout genre. Le responsable ? Le bordel !

Il est bien plus simple et évident de trouver quoi mettre le matin devant une penderie raisonnable et raisonnée. Donc premier geste obligatoire : le TDR – trier, désencombrer, ranger.

Oui, mais comment ranger de façon efficace ? Plusieurs possibilités s'offrent à nous, suivant les habits qui constituent notre penderie, nos habitudes et nos envies. Chaque site, chaque application, chaque coach, chaque spécialiste vous proposera « sa » méthode miracle. Pour les avoir toutes consultées, voilà ce qui me semble le plus important : avoir une vision d'ensemble, en un seul coup d'œil, de ce que vous possédez, afin de ne pas perdre de précieuses minutes pour vous habiller le matin, et pour ranger vos habits le soir, une fois la journée terminée.

Ranger vos vêtements par catégorie, par style et par couleur permet une bonne vision de votre dressing.

De même, classez-les du plus grand au plus petit, c'est très visuel. Sur cintre pour ceux qui ont le plus de place – jamais plusieurs vêtements par cintre, un cintre par vêtement –, dans les étagères ou des tiroirs pour les autres, à vous de choisir ce qui vous convient le mieux.

Là encore, il y a autant de méthodes que d'êtres humains sur terre... Une technique me plaît particulièrement : je classe mes vêtements par dégradé de couleurs, les tee-shirts manches longues avec les tee-shirts manches longues, les manches courtes avec les manches courtes – ce qui m'évite de déplier la moitié de mon dressing pour trouver le tee-shirt de saison.

Enfin, utilisez les bas d'armoires pour mettre en boîtes les ceintures, gants, sacs à main. Gain de place garanti.

Action/réaction !

Comment je fais pour ne jamais me laisser déborder ? Je suis un principe simple : action/réaction. À savoir :

⇒ Je dérange, je range immédiatement

Les jouets ou les jeux des enfants – d'ailleurs, ne pas hésiter à leur inculquer ce principe très tôt, ça aussi, c'est du temps gagné pour plus tard ; les vêtements : le soir, je ne laisse pas ma tenue du jour en tas mais je mets dans le panier à linge les vêtements sales et range les propres à leur place.

⇒ J'utilise, je replace

J'ai besoin d'une quittance de loyer ou de mon contrat d'assurance ? Je les replace immédiatement après les avoir consultés. Mon truc : laisser la chemise ou le dossier ouvert en évidence pour ne pas oublier de ranger ensuite. Un cadre à fixer au mur ? Je remets illico la perceuse et la boîte à outils à leur place après utilisation.

⇒ Je salis, je nettoie

La vaisselle, par exemple. Rien de pire que de se retrouver au réveil avec la vaisselle du dîner dans l'évier. Au niveau hygiène, ce n'est vraiment pas l'idéal, et on perd un temps précieux le matin, où chaque minute compte pour que tout le monde soit à l'heure à l'école et au travail ! Alors, c'est vrai, le soir, après le repas, on a souvent plus envie de s'étaler sur le canapé devant une bonne série que de dégraisser une poêle. Mais de vous à moi, laver la vaisselle vous prendra rarement plus de quinze minutes. Et n'hésitez pas à faire participer la famille pour gagner du temps.

Suspendre, ou comment organiser sans se ruiner

Il est parfois difficile d'optimiser son intérieur, notamment quand l'espace manque. Pas de panique ! Les astuces sont nombreuses pour gagner de la place et organiser son chez-soi même quand les mètres carrés se font rares.

L'une des solutions que je trouve la plus maligne et la plus efficace est de suspendre. En d'autres termes : utiliser l'espace vertical quand l'horizontal est saturé.

On peut suspendre ses vêtements, bien sûr, mais pas seulement. Il existe un très grand nombre d'objets de notre quotidien que nous pouvons ranger de cette façon. Je n'ai pas eu cette idée de génie seule : c'est en surfant sur le Net que j'ai découvert cette astuce. Internet fourmille de bonnes idées rangement et organisation pour tout et partout. Il y a un site que je vous conseille en priorité : comment-economiser.fr. Parmi les cent astuces qu'il propose, toutes plus inventives les unes que les autres, nombreuses sont celles qui tournent autour de la suspension.

Voici un tour d'horizon pièce par pièce des possibilités infinies du rangement par suspension :

La cuisine

Dans cette pièce, il est facile de suspendre pour mieux organiser et gagner de la place. Vous pouvez, par exemple, suspendre votre batterie de casseroles et de poêles – celles qui prennent une place folle dans vos tiroirs ou vos placards – sur un mur grâce à des crochets. Il existe aussi des tringles spéciales pour la cuisine pour les ustensiles comme les louches, les passoires, les râpes... et que dire des couteaux que l'on peut disposer sur une bande autocollante aimantée au mur ? Ou encore de ces micro-étagères où disposer les herbes, épices et autres condiments ? Laissez faire votre imagination !

La salle de bains

C'est la pièce où suspendre peut vous être d'une grande aide pour gagner du temps. Par exemple, vous pouvez coller sur les portes de vos meubles de salle de bains des bandes autocollantes aimantées pour y placer ciseaux, coupe-ongles, pinces à épiler, ou tout petit accessoire en métal. Ainsi, plus question de retourner douze fois le tiroir pour les trouver : ils sont à portée de main. De même, vous pouvez coller des supports en plastique, que vous trouverez facilement dans le commerce, pour vos rasoirs ou vos brosses à dents – un par personne de couleur différente, par exemple. Là encore, le gain de place et de temps est immédiat. Il y a une autre astuce que j'adore : installez une tringle à rideaux extensible dans votre cabine de douche ou votre baignoire et agrémentez-la de pinces. Vous pourrez ainsi suspendre vos tubes de shampooing ou de savon, vos gants de toilette, qui cesseront d'encombrer le rebord de la baignoire ou le sol de la douche.

Les chambres

Lorsqu'on pense « suspension » dans une chambre, on visualise immédiatement un dressing flambant neuf où chaque vêtement est à sa place… C'est possible ! Vous pouvez par exemple suspendre vos sacs à main à des crochets, les cravates à des cintres, ou même vos écharpes à des anneaux de rideau de douche amovibles ; ou encore doubler les cintres en accrochant le second au premier. Vous pouvez aussi utiliser l'intérieur des portes pour installer des rangements à chaussures souples.

Quant à la chambre des enfants, une astuce m'a bluffée : vous en avez assez de marcher sur les voitures miniatures de votre fils ? Accrochez au mur des tiges en métal aimantées et placez-y les voiturettes. Ingénieux, n'est-ce pas ?

La buanderie (ou un placard)

Dans cette pièce, utilisez chaque recoin pour gagner de la place : l'intérieur des portes de placards, les murs, le derrière des portes… Par exemple, accrochez au mur ou derrière une porte la table à repasser ; ou encore installez des crochets, des tringles, des aimants, des étagères murales pour placer à la verticale tout ce qui encombre les tiroirs.

Le garage

Suspendez vos outils à des porte-serviettes : facile à poser, même pour les bricoleurs du dimanche, le porte-serviette est parfait pour éviter le bric-à-brac des caisses à outils. Il vous suffit de suspendre le matériel à des crochets eux-mêmes disposés sur la tige et le tour est joué. N'hésitez pas dans cette pièce à utiliser au maximum les murs – et même le plafond ! – pour suspendre tout ce que vous pouvez : tuyaux d'arrosage, vélos, jeux d'extérieur, outillage de jardinage... Vous trouverez ce que vous cherchez en un regard. Pratique, non ?

Vive la routine !

En plus d'appliquer le principe « action/réaction », j'ai mis en place des routines : quitte à y passer le moins de temps possible – puisque c'est bien de cela qu'il s'agit –, autant planifier au maximum pour ne pas avoir à tout faire en même temps. J'imagine déjà les poils hérissés de certains rien qu'à entendre ce mot, « routine », synonyme de monotonie, d'ennui... Erreur ! rien de plus jouissif et enthousiasmant qu'une routine. Je vais vous faire une confidence : je ne range pas les placards de ma cuisine tous les jours. Et heureusement ! Quelle corvée serait ma vie sinon... En revanche, je remets les objets que j'utilise à leur place, et, une fois par mois, je m'attelle à un rangement plus important, quand je sais que j'ai du temps devant moi.

À chacun d'établir ses routines suivant son mode de vie et ses envies. Par exemple :

– les vêtements tous les jours ;
– les papiers toutes les semaines ;
– les placards de la cuisine tous les mois ;
– les médicaments tous les ans...

Le but : s'organiser au mieux pour que ces tâches soient le plus efficaces et le moins contraignantes possibles. Et qu'elles prennent un minimum de temps.

Toutes ces propositions sont en fait du bon sens, de la logique. Rien de révolutionnaire, ni de nouveau sous le soleil ! Mais n'oubliez jamais que ce qui est fait n'est plus à faire. Et ranger au fur et à mesure vous prendra toujours beaucoup moins de temps – et d'énergie, mais nous verrons cela plus loin.

Chapitre 12
Être organisé au travail

Ce qui vient d'être dit pour la maison vaut aussi pour la vie professionnelle. Avec cependant une différence de taille : nous ne sommes pas toujours maîtres de notre emploi du temps. Raison de plus pour garder la main sur ce que nous pouvons organiser.

Domptez votre boîte mail

Combien d'entre nous se sont déjà laissé déborder par le nombre de mails qu'ils reçoivent par jour ? En une seule journée, ils arrivent parfois par centaines dans notre boîte de réception… Utilisons alors les outils que nous avons sous la main. Et pas besoin d'être geek : je ne suis pas de la génération qui est née avec une souris dans la main, mais j'ai appris à optimiser ma boîte mail de façon simple et surtout efficace.

Comme pour nos placards, nos vêtements, appliquons la méthode TDR : trions, désencombrons et rangeons notre boîte mail. Avant de vous lancer, je vous conseille de créer des dossiers dématérialisés pour classer vos différents mails. Nommez-les de façon claire : « Dossier X », « Factures Y », « Prépa Z »... Comme pour notre intérieur, s'y mettre peut paraître fastidieux. Mais quel gain de temps, là encore, pour la suite ! Chaque jour, désormais, prenez quelques minutes pour trier et classer vos mails, le matin en arrivant. Avec un peu de discipline, vous ne serez plus jamais débordé.

Rangez et organisez votre ordinateur [1]

Quand on parle rangement, organisation, on pense à nos placards, nos vêtements, nos papiers, nos livres... Et on oublie souvent les outils informatiques devenus des partenaires de vie incontournables aujourd'hui, au bureau comme à la maison.

Commençons par un quiz : avez-vous moins de trois dossiers et icônes sur le bureau virtuel de votre ordinateur, c'est-à-dire l'écran qui s'affiche quand vous l'allumez ? Lorsque vous cherchez un document, mettez-vous moins de quelques secondes pour le trouver ? Avez-vous une sauvegarde sur un disque dur externe ou un *cloud* ?

Même si vous répondez non à ces trois questions – ce qui était mon cas avant que je prenne les

1. « Comment bien ranger et organiser votre ordinateur » (www.passionnement-organisee.fr).

choses en main –, ne vous découragez pas : avec un peu de discipline et quelques connaissances de base en informatique, vous réussirez à réorganiser votre ordinateur en un temps record.

Ranger et organiser son PC ou son Mac est utile à plus d'un titre. D'abord, vous serez plus efficace au travail : un bureau encombré de dossiers éparpillés ou posés en équilibre précaire est un endroit où l'on ne se sent pas bien et où travailler est difficile. De même, un ordinateur mal rangé et mal organisé est lui-même un outil moins performant. En triant les dossiers, les fichiers et les logiciels, vous allégerez la machine, qui fonctionnera mieux et plus vite.

Qui n'a jamais été exaspéré par son écran qui « mouline » durant de longues minutes avant de bien vouloir ouvrir l'application dont il a besoin ? Les dossiers qui sont affichés sur votre bureau virtuel ont un impact direct sur le démarrage de votre ordinateur : plus ils seront nombreux, plus la machine s'allumera lentement et plus il vous faudra vous armer de patience pour travailler...

Alors comment « trier, désencombrer et ranger son ordinateur » ? D'abord, comme pour les pulls ou les fourchettes, mettez de côté ce que vous gardez et supprimez le reste : les fichiers – Word, Excel, PowerPoint mais aussi des vidéos, images et musiques –, les dossiers, mais aussi les logiciels. Vérifiez que vous n'avez ni doublons, ni triplons qui surchargent la mémoire de votre ordinateur.

Une fois le désencombrement et le tri terminés, n'oubliez pas de vider la « corbeille » de votre bureau, qui occupe elle aussi beaucoup trop de place lorsqu'elle est pleine. Personnellement, mon ordinateur déclenche au vidage de la corbeille un bruit de papier froissé qui me met en joie…

Jeter le surplus n'est pas la seule solution pour réorganiser son ordinateur : vous pouvez aussi archiver vos documents sur un disque dur externe. Si vous avez du mal à décider quel fichier garder sur votre ordinateur ou lequel archiver, demandez-vous à quel moment vous en aurez besoin. En déterminant la fréquence d'utilisation du document, vous saurez s'il doit prendre place dans l'ordinateur ou ailleurs.

Ensuite, comme pour vos papiers administratifs, créez des « dossiers » virtuels dans votre « bibliothèque » que vous nommerez avec précision pour les retrouver facilement – « Impôts », « Photos », « Travail », « Personnel »… À l'intérieur de ces dossiers, multipliez les sous-dossiers pour être le plus ordonné possible. Pour gagner du temps, pour les dossiers que vous consultez le plus souvent, créez des raccourcis sur le bureau. Ils prendront beaucoup moins de place que le dossier lui-même.

Une dernière recommandation : ne déchargez pas votre ordinateur pour charger votre disque dur externe. Comme chez vous, ne videz pas la maison pour mieux entasser dans le grenier ou le garage ! Souvenez-vous : le TDR s'applique à toutes les pièces de notre intérieur, grenier, garage et cave compris. La stratégie de rangement est donc la même pour votre disque dur externe. Et si vous n'avez pas de disque dur externe ou que vous ne souhaitez pas multiplier les appareils, vous avez toujours la possibilité de sauvegarder sur un *cloud*.

Petit précis technique à destination des « pas très doués » comme moi

Comme je suis loin d'être une geek, j'ai demandé conseil à mon ado de fils. Il m'a appris quelques trucs et astuces un peu techniques pour organiser mon ordinateur toute seule comme une grande.

Par exemple, comment savoir si j'ai assez d'espace libre dans ma machine. Le poids d'un document, d'un fichier ou d'un logiciel se mesure en mégaoctets (Mo) ou en gigaoctets (Go). Pour connaître le nombre total de Go que contient votre ordinateur, cliquez sur « Démarrer », puis sur « Ordinateur » et regardez combien vous utilisez de Go. Et si vous approchez de trop près la capacité totale de votre machine – indiquée dans les paramètres de fonctionnement –, il est grand temps d'appliquer un TDR efficace.

De même, comment désinstaller un logiciel ? Là encore, mon fils m'a donné un conseil précieux : cliquez sur « Démarrer », puis sur « Panneau de configuration » et « Programmes et fonctionnalités ». Cliquez enfin sur les logiciels inutiles – c'est-à-dire ceux que vous n'utilisez jamais – et supprimez-les. Et redémarrez l'ordinateur pour finaliser la procédure.

Je ne savais pas non plus comment créer un raccourci. Là encore, merci, fiston ! Il m'a appris à cliquer droit sur le dossier en question, puis sur « Envoyer vers », et sur « Bureau (créer un raccourci) ».

Je sais aussi désormais « Épingler les icônes » afin de ne pas surcharger de nouveau mon bureau virtuel. Cette astuce permet d'afficher sur la barre des tâches – en bas de l'écran – ou dans le menu « Démarrer » les logiciels dont je me sers régulièrement. Je vous donne mon secret ? Cliquez droit sur l'icône du logiciel en question et choisissez « Épingler à la barre des tâches » ou « Épingler à l'écran de démarrage » suivant ce que vous préférez.

Enfin, il m'a convaincue de l'utilité du *cloud*. Le nuage, en français. J'étais réticente au départ à l'idée de confier ma vie professionnelle et privée à ces plateformes virtuelles. Mais après m'être renseignée, j'ai compris que cette méthode était très sécurisée – et gratuite –, et je me suis lancée. Vous les trouverez sur Internet et vous avez l'embarras du choix : Google Drive, One Drive, Dropbox... Et j'ai vraiment été très avisée : peu de temps après, je me suis fait voler mon ordinateur portable… J'étais très contente d'avoir suivi les conseils de mon fils et d'avoir sauvegardé la totalité du contenu de mon ordinateur sur un *cloud* car j'ai ainsi pu tout retrouver en quelques clics.

Apprenez à gérer les priorités

Pour certains, c'est une évidence : classer les tâches à accomplir, professionnelles ou personnelles, suivant l'urgence ou leur importance, est un jeu d'enfants. Pour d'autres, en revanche, c'est un casse-tête terrifiant, un abîme dans lequel ils sont tombés et dont ils n'arrivent pas à sortir.

Rassurez-vous : il y a aujourd'hui une offre impressionnante de formations en gestion des priorités, professionnelles notamment. Et nombre d'entre elles sont éligibles au compte formation professionnelle, le CFP. Renseignez-vous auprès de votre employeur. Pour les indépendants, il est tout à fait possible de les financer soi-même. Il en existe pour tous les besoins et toutes les bourses, en ligne ou en présentiel.

Vous remarquerez que, très souvent, la gestion des priorités est couplée à... la maîtrise du temps. Il n'y a pas de hasard : apprendre à organiser ses nombreuses activités professionnelles suivant des critères d'importance permet de gagner beaucoup de temps, et donc d'en dégager pour tout le reste de votre job.

Déléguez !

Parfois, ce qu'on a mis en place ne suffit pas : on a beau avoir nettoyé sa boîte mail, établi des priorités, le temps nous manque toujours. L'étape d'après est d'apprendre à déléguer. Moi, par exemple, j'ai dû apprendre à le faire. La démarche est loin d'être innée pour moi : je fais partie de ces gens qui pensent qu'il vaut mieux tout faire soi-même… Non pas que je manquais de confiance en mes collaborateurs, mais je trouvais toujours à redire sur leur façon de faire. J'avais l'impression que je « perdais du temps » à leur expliquer ce que j'attendais d'eux et que j'aurais plus vite fait d'exécuter la tâche moi-même. Je dois vous avouer quelque chose : j'aime bien avoir la main… sur tout. Donc déléguer, pour moi, c'était prendre le risque de ne pas tout contrôler. Et c'était difficile. Jusqu'à ce que je change enfin de paradigme, que je voie la situation sous un autre angle : je me suis rendu compte que laisser faire les autres était un gain de temps, mais apportait aussi un meilleur résultat que je ne l'avais imaginé, à la hauteur de mes attentes. Et au final travailler en équipe est une grande source de satisfaction.

Les transports en commun, un bon moyen de gagner du temps

Quel est le rapport avec l'organisation et le rangement, me direz-vous ? Tout ! Nous sommes nombreux à passer trop de temps à notre goût dans les transports, le plus souvent entre notre domicile et notre lieu de travail : dans le RER, dans le bus, le métro ou le train. Puisque ce temps est souvent incompressible, utilisons-le à notre avantage. Dès que je suis dans les transports en commun – et ça m'arrive bien plus souvent que peut-être certains ne l'imaginent... –, je sors mon téléphone et je lui applique la méthode « TDR » : je trie mes messages, je désencombre mes SMS et je réponds à tous ceux en attente. Et, pour gagner encore plus de temps, j'utilise la fonction « SMS vocal » de mon smartphone – attention tout de même à ce qu'enregistre votre micro, vérifiez bien le texte avant de l'envoyer : il m'est arrivé d'envoyer à mon père « je t'aime dans 5 minutes » au lieu de « je t'appelle dans 5 minutes ». Quoi qu'il en soit, une fois arrivée à destination, je suis à jour.

Chapitre 13

Pour une vie de famille apaisée : anticipez !

Terminée la grande chasse aux trésors !

Avoir pris le temps d'organiser son intérieur pour n'avoir plus qu'à replacer chaque objet après l'avoir dérangé, c'est du temps gagné pour toute la famille.

Prenez l'exemple du week-end. C'est le moment où toute la famille est réunie et où, en général, chacun se consacre à ses différentes activités – ça fonctionne aussi avec les matins de la semaine ! Vous n'échapperez peut-être pas aux bien connus : « Chériiiie ! T'as pas vu mes clés ? » ou encore aux « Mamaaaan ! Je trouve pas mes chaussures de foot ! », surtout si vous avez une famille nombreuse. Mais plutôt que de perdre de longues minutes à chercher, la réponse fusera en un temps record : « Tes clés sont dans le vide-poches de l'entrée » ou « Tes chaussures sont dans le placard à chaussures ».

N'hésitez pas non plus à motiver les vôtres à s'organiser la veille, afin de ne pas avoir à tout chercher au dernier moment. Avec ces quelques astuces de bon sens, à vous les week-ends sereins.

Initiez la famille

Il y a des jours où tout est simple, facile, fluide. Et d'autres… où on laisserait bien notre place, nous, les femmes. La faute à qui ? À la charge mentale. Cette sensation de sombrer dans un puits sans fond chaque jour entre les différentes vies que nous devons mener de front : professionnelle, personnelle, familiale.

Une des solutions à cette surcharge – réelle – de tâches à accomplir : faire participer la famille pour répartir la charge. Ça semble une évidence mais combien de femmes continuent de s'enfoncer dans leur quotidien plutôt que de demander de l'aide ? Je vous l'accorde, on ne devrait pas avoir à demander. Mais plutôt que de ne plus réussir à sortir la tête de l'eau, je préfère prendre le taureau par les cornes et me faire aider. Quitte à le réclamer.

Répartir les tâches domestiques entre les différents membres de la famille est faisable. Pas simple, mais réalisable. Votre moitié peut tout à fait prendre sa part de ménage, de courses et autres corvées ménagères ; les enfants aussi ! Ils peuvent par exemple ranger leurs chambres, mettre la table, débarrasser... Essayez : vous verrez à quel point un enfant, même de trois ou quatre ans, aime participer et aider – OK, à quinze ans, c'est moins flagrant... raison de plus pour commencer tôt ! Ces actions vont vous aider vous, et l'aider lui aussi – et sa future compagne qui vous remerciera. Ces inititatives développeront sa confiance en lui et son sentiment d'appartenance au groupe.

Pour que ce ne soit une corvée pour personne, rien de tel qu'un organigramme familial, par semaine par exemple, dans lequel sont clairement affichées les tâches de chacun. Cette méthode demande un peu... d'organisation. Réfléchissez au préalable aux « règles » que vous allez instaurer, et discutez-en avec votre famille. Qui fait quoi, comment. Organisez des ateliers ludiques « action/réaction », façon chasse au trésor : je déplace un objet, le premier qui trouve où il se range, et le plus rapidement possible, a gagné.

Laissez une quinzaine de jours passer avant de mettre ces nouvelles règles familiales en pratique, le temps que tout le monde les assimile et puisse poser ses propres questions. Ensuite, affichez le programme : avec des mots, des dessins, des pictogrammes, inscrivez en évidence sur papier les tâches que chacun devra désormais accomplir, et placardez-le dans un endroit stratégique – la cuisine par exemple.

Rome ne s'est pas faite en un jour ; la mise en place du partage des tâches non plus. Mais vous serez étonnée de voir au bout de quelques semaines comme la situation va se mettre en place et s'améliorer.

Répartition des tâches : qui peut faire quoi ?

Comment répartir les tâches ménagères entre les différents membres de la famille ?

Les parents, en tant qu'adultes, sont interchangeables. Aucune impossibilité génétique n'interdit à monsieur de passer l'aspirateur ou à madame de planter un clou. Donc, avec un peu de bonne volonté et d'organisation, il est tout à fait possible que chacun participe suivant ses capacités et son emploi du temps à toutes les tâches.

Concernant les enfants, il est même conseillé – c'est très bénéfique – de leur inculquer très tôt le sens des responsabilités en leur confiant des tâches à leur portée. Ainsi, dès trois ou quatre ans, un enfant peut ranger les jouets qu'il a sortis, aider à mettre la table et la débarrasser, ranger les courses, etc. En grandissant, le nombre de tâches augmente : aider en cuisine, passer l'aspirateur ou balayer, vider le lave-vaisselle, faire son lit... Lorsque votre enfant devient adolescent, la motivation étant inversement proportionnelle à sa capacité à mettre le bazar partout où il passe, n'hésitez pas à le solliciter sur ce qui l'intéresse à cet âge : les écrans. Pourquoi ne pas lui demander par exemple de faire les courses sur Internet, une fois la liste établie ?

Bref, tout le monde peut participer à la vie de la maison.

Finies les courses chronophages !

Je ne sais pas vous, mais moi, pendant le confinement que nous avons tous subi en 2020, je me suis rendu compte à quel point préparer les repas pour toute la famille était chronophage. Plus question d'aller au restaurant ni de faire appel à une appli de livraison : il fallait s'y coller. Et deux fois par jour ! Ce constat m'a fait réfléchir sur la façon de ne plus perdre de temps avec la préparation des repas. Je me suis juré que lorsque j'aurais retrouvé ma liberté, je ne me prendrais plus jamais la tête avec les courses et les repas.

Les courses, d'abord : aujourd'hui, il est vraiment très facile de ne plus perdre de temps dans les rayons des supermarchés – sauf si vous aimez ça ; dans ce cas, faites-vous plaisir. Ce n'est alors pas du temps perdu, mais du temps pour vous ! Entre le click & collect, les livraisons et la possibilité de commander sur Internet, les courses se font désormais en un temps record.

Comme pour faire des économies, la condition sine qua non est que la liste des produits à acheter soit bien faite. Qu'elle soit réfléchie. Je commence, nous venons de le voir, par établir les menus à l'avance. Gain d'argent et de temps – et aussi parce que je suis une piètre cuisinière… Mais ce n'est pas tout. Pour gagner du temps, j'ai élaboré quelques règles de bon sens :

– noter au fur et à mesure ce qui va manquer à la maison : le papier toilette s'il ne reste plus qu'un rouleau, le dentifrice si le tube est presque vide…

– faire le tour du réfrigérateur, des placards de nourriture et des produits ménagers pour être sûre de ne rien oublier ;

– interroger les autres membres de la famille pour savoir s'il leur manque ceci ou cela.

Une fois que vous aurez pris une quinzaine de minutes à établir la liste des courses, une liste réfléchie et adaptée à vos besoins, vous gagnerez un temps fou quelle que soit la façon dont vous faites vos courses ensuite.

Les listes

Ah, les listes… Je fais bien sûr partie de la team *to do list*. J'établis des listes pour tout : liste de courses, liste de tâches à accomplir, liste de cadeaux de Noël, liste pour ne rien oublier dans ma valise…

C'est une méthode infaillible pour organiser sa vie : on sait ce qu'on a à faire, on ne peut rien oublier, on peut gérer les priorités, et quelle satisfaction quand plusieurs lignes de notre liste ont disparu.

La liste est la meilleure alliée de l'organisation et de l'anticipation ; rien ne vous empêche d'établir plusieurs listes simultanées : par jour, par semaine, par mois. En plus de pallier parfois la fatigue mentale qui nous fait oublier certaines tâches, elle nous permet aussi de nous projeter et parfois même de nous rassurer.

Exit les départs en vacances calamiteux !

Organiser sa vie, c'est aussi – et surtout – dégager du temps pour s'amuser et profiter. Quoi de mieux pour gagner du temps que de bien préparer ses vacances afin d'en profiter un maximum ensuite ?

Je trouve qu'il n'y a rien de plus stressant que les départs en vacances : être à l'heure à la gare ou à l'aéroport, penser à ne rien oublier dans ses bagages, croiser les doigts pour qu'ils logent tous dans le coffre de la voiture… Stop ! Je refuse d'être malmenée par ces considérations. Alors je m'organise pour que chaque départ en vacances soit fluide, serein… et surtout rapide.

La première chose à faire est une liste pour ne pas mettre n'importe quoi dans sa valise et oublier l'essentiel. J'ai l'habitude d'établir deux listes : une pour les bagages d'hiver et une pour ceux d'été. Je la conserve année après année et je l'adapte. Gain de temps assuré, et méthode infaillible pour évaluer la place que prendront nos affaires – au cas où le coffre de la voiture aurait rapetissé…

Ensuite, je booke toujours les taxis la veille quand j'en ai besoin, pour être sûre de ne pas me retrouver à courir dans les couloirs du métro ou du RER. Je suis maman, donc je pars souvent en période de vacances scolaires. Rien de tel qu'un taxi qui tarde pour me faire perdre mon calme. Dans le cas où je prendrai les transports en commun, je vérifie aussi que nous avons bien tous nos titres de transport – se retrouver devant un guichet de RER un jour de départ en vacances est douloureux et anxiogène. Ceux qui savent se reconnaîtront…

Souvent, j'organise aussi notre séjour : je prends des billets pour les musées, les expositions ou les activités sur place ; avec les coupe-files, je n'ai pas à faire la queue des heures dans le froid ou sous un soleil de plomb et je gagne du temps, denrée précieuse en vacances ! Temps que je mets à profit pour… ne rien faire !

Bref, je me simplifie la vie pour en profiter à fond.

Faire sa valise ne sera plus jamais un casse-tête

J'adore faire ma valise. Comment ? Voici quelques trucs infaillibles pour un bagage réussi.

• Choisissez la valise qui convient : évitez les valises déjà lourdes vides et privilégiez les valises à compartiments et à poches intérieures.

• Établissez la « *to take list* » – la liste de ce que vous allez y mettre.

• Roulez vos vêtements : cette technique est un gain de place phénoménal ! Non seulement les vêtements ne sont pas froissés mais ils prennent moitié moins de place qu'empilés. Tout se roule : tee-shirts, pulls, pantalons…

• Profitez des chaussures pour y ranger les chaussettes, ou les dessous peu fragiles, ou toute autre chose pouvant y loger. Gain de place assuré.

• Multipliez les mini-trousses : plutôt que d'alourdir votre valise avec une trousse de toilette unique, rangez vos produits par catégorie dans différentes pochettes. Elles seront plus faciles à caler entre les vêtements.

• Investissez dans des contenants vides (que vous trouverez dans les pharmacies ou parfumeries). Ils sont lavables et donc réutilisables. Ainsi, plutôt que de partir chargée de tous vos produits d'hygiène et de beauté format XXL, vous pourrez les remplir de vos produits indispensables et voyager léger. N'hésitez pas non plus à accepter les doses d'essai que vous proposent les parfumeries, elles vous permettront d'alléger plus encore votre valise.

Et je ne vide jamais complètement mes différentes trousses de toilette. C'est du temps gagné lors de mon prochain départ.

Et maintenant, profitez !

« La propreté est l'image
de la netteté de l'âme. »

MONTESQUIEU

Quatrième partie

ORGANISER, C'EST RESPECTER LES AUTRES

Ranger, organiser, c'est respecter les autres. Proposer à sa famille un appartement, une maison en ordre et propre, où elle pourra s'épanouir en harmonie, à ses amis un lieu accueillant où passer un bon moment, à ses collègues des espaces de travail efficace, c'est les respecter. Passer un moment avec ses enfants, sa moitié, ses amis, en se consacrant entièrement à eux parce qu'on a le temps, c'est les respecter. Apprendre à ses enfants à faire de même, et ce dès leur plus jeune âge, c'est les respecter, et leur assurer une vie heureuse.

Chapitre 14

Aimer, c'est organiser

« Tu planifies ta vie amoureuse… Vraiment !? » Eh bien oui, oui, et oui ! Je persiste et signe : une vie organisée permet une vie amoureuse harmonieuse. C'est parce que je ne perds plus une seconde à cause des tâches quotidiennes, que je ne me laisse plus déborder par les choses ou les gens, que je peux passer tout le temps que je souhaite avec celui que j'aime.

Mon amoureux et moi avons des vies professionnelles assez denses et qui ne se déroulent pas classiquement du lundi au vendredi ; on travaille en horaires décalés, le soir et le week-end parfois… bref, pas facile de trouver des moments où on est libres tous les deux. Or, grâce à mon agenda partagé, d'un seul coup d'œil, je peux visualiser nos emplois du temps respectifs et hop ! caler un moment rien qu'à nous. J'inscris dans l'agenda ce que j'ai prévu, mon amoureux est prévenu en temps réel, et à nous ce petit resto italien qu'on aime tant, ou la vue imprenable depuis la terrasse de cet hôtel secret en bord de mer.

L'organisation prend son sens qu'on soit en couple ou non, d'ailleurs. Si votre emploi du temps est optimisé, vous pouvez caler une épilation de dernière minute, un brushing sur le pouce, pour être la plus belle pour aller danser, ou accepter de déjeuner avec le nouveau locataire du quatrième. Et si ces deux rendez-vous en entraînent d'autres – et plus si affinités –, aucun problème pour faire entrer cet inconnu – qui a vocation à ne pas le rester – chez vous : tout est en ordre pour l'accueillir. Pas de vaisselle sale dans l'évier, pas de petite culotte sur le canapé, pas d'intimité trop exposée… La soirée peut commencer.

Certains de mes amis m'ont fait part de leurs réserves : ils connaissent l'homme avec lequel je vis, qui, admettons-le sans complexe, n'est pas aussi organisé que moi. Est-ce que j'essaie de le changer ? Non ! Est-ce que j'essaie de le formater, de le dresser pour qu'il change ? Jamais de la vie ! Il me plaît tel qu'il est. Je dis souvent, pour plaisanter, que je considère que lorsqu'il laisse traîner une chaussette dans le salon, c'est une offrande, un acte d'amour, auquel je réponds, en retour, par un autre geste d'amour. Pas une seconde je ne considère qu'il s'agit d'un manque de respect : l'organisation est mon choix, ma décision, ma façon de vivre.

On pourrait facilement se dire que l'organisation, dans notre vie amoureuse, se cantonne à ce bénéfice : avoir du temps pour l'autre. Mais c'est aussi bien plus que ça : c'est une façon de montrer l'amour qu'on ressent. Et ça n'a pas de prix.

Chapitre 15

Anticiper, organiser, ranger : et si c'était ça, l'amitié ?

Une pote en or

En amitié, avoir une vie organisée permet d'être la meilleure des amies : non seulement j'ai du temps pour les gens que j'aime, mais il est extrêmement rare que j'annule au dernier moment un déjeuner ou un café. Comme j'ai organisé ma journée, je suis parée à tous les imprévus, et je peux anticiper. Là encore, c'est une question de respect : je n'aime pas faire aux autres ce que je n'aimerais pas qu'on me fasse.

Je suis ce genre de fille à ne jamais manquer un anniversaire : je mets une alerte sur mon smartphone que je renouvelle tous les ans, ou une note dans mon agenda papier dès que j'achète celui de l'année qui vient.

Je suis aussi le genre de fille à refuser beaucoup d'invitations. Au-delà du fait que je me lève très tôt et que je suis donc obligée de me coucher très tôt, je n'hésite pas à décliner un grand nombre de sollicitations, professionnelles mais aussi amicales. Avant de me traiter de bonnet de nuit, voire d'asociale, réfléchissez avec moi : préféreriez-vous avoir en face de vous la Julia disponible, souriante et détendue, ou celle que je déteste être, c'est-à-dire celle qui regarde sa montre toutes les cinq minutes et qui écourte la soirée en vous ayant à peine écouté ? D'après les psychiatres, refuser les invitations est signe de bonne santé mentale ; le fait de dire oui à tout est souvent lié au syndrome de l'abandon : si je dis non, on ne va pas m'aimer. Moi, je préfère de loin partager un chouette moment avec mes amis, en étant toute à ce que je fais. Si je sais que ce ne sera pas le cas, c'est pour une autre fois. Question de respect, là encore.

De la même façon que j'assume mon côté organisé en famille, je ne souhaite pas non plus que mes amies soient des copies conformes de ce que je suis. Je n'ai d'ailleurs dans mon entourage pas que des amies organisées, au contraire ! Je suis toujours heureuse, flattée même, que mes copines viennent me demander conseil pour telle ou telle question d'organisation – « Mais Julia, comment tu fais, là… ». Je suis l'amie des bons plans, des super adresses et des meilleures astuces !

Le seul comportement qui peut me refroidir, c'est lorsque le manque d'organisation devient manque de respect. Je n'attends pas des autres qu'ils se comportent comme moi, mais je revendique un minimum de fiabilité. Savoir que je peux compter sur eux est le ciment d'une amitié solide. C'est la moindre des choses, n'est-ce pas ?

**Mon agenda partagé,
ma vie en couleurs !**

Je vous ai déjà parlé de mon agenda partagé. C'est vraiment l'outil qui a révolutionné ma vie. Je n'ai rien inventé : j'utilise celui de mon smartphone. Mais vous pouvez tout aussi bien opter pour un agenda papier.

Le mien est très customisé : c'est un arc-en-ciel. Pour le rendre le plus efficace possible, j'ai en effet attribué à chaque catégorie de tâches une couleur. Jaune pour tout ce qui concerne le travail, vert pour ce qui concerne mon fils, bleu pour ce qui concerne mon homme. Il est même synchronisé avec son agenda et celui de sa collaboratrice. Même pour les plages de temps pour moi, j'ai choisi une couleur. Les moments rien qu'à moi sont roses dans mon agenda. C'est doux, c'est agréable. Un déjeuner de travail ? C'est jaune. Un dîner de travail avec une copine ? C'est jaune aussi ! Car organiser, c'est choisir. Une séance d'aquabike ? C'est rose, même si c'est du boulot… Vous avez compris ?

Le but : avoir un peu de rose chaque jour dans la vie. Et quand c'est le cas, je me sens plus apaisée, mais aussi plus forte pour affronter les journées bien chargées.

On range tous les gens, et c'est tant mieux !

Il est tout à fait possible de mettre de l'ordre dans sa vie amicale comme on le fait dans les tiroirs de sa salle de bains. C'est même un signe de bonne santé mentale, là encore. L'autre jour, je discutais avec une de mes amies, justement, et un peu pour la taquiner mais aussi parce que je le pense, je lui dis que je « range les gens ». L'expression l'a fait bondir – à juste titre ! Elle me répond alors : « Comment peux-tu dire une chose pareille ! On ne range pas les gens comme des chaussures dans un placard, suivant leur taille, leur forme, ou pire leur utilité ! »

Eh bien… si. Bien sûr que nous rangeons les gens, pour notre bien et le leur. Bien sûr que ce classement n'a rien à voir avec leur physique – je n'ai pas une catégorie « cheveux roux » ou « femmes de moins d'un mètre soixante-dix ». Il s'agit de la façon dont ils interviennent dans ma vie. Et ne pas le faire nous exposerait à des sacrés ennuis. Classer les gens se fait naturellement, sans papier, ni crayon, ni tableau Excel. Rappelez-vous : la vie est comme le plan de table géant d'un mariage : il y a la famille, les amis de la famille, les amis proches (souvent les témoins, à la table des mariés), les amis moins proches, les collègues… Ce classement se fait de lui-même, suivant les circonstances dans lesquelles vous avez rencontré les personnes concernées et votre histoire commune.

Anticiper, organiser, ranger : et si c'était ça, l'amitié ?

Poussons plus loin notre raisonnement : lorsque vous avez le moral dans les chaussettes, qui appelez-vous ? Vous avez bien en tête un nom, n'est-ce pas ? Idem si vous voulez faire la fête, du sport... Nos amis, nos connaissances ne sont pas interchangeables, ce sont des êtres humains ! Ils ont donc tous et toutes une place dans nos vies. C'est pour cela qu'on les aime.

Le TDR des répertoires

Je regrette parfois le temps des répertoires papier : je me souviens du plaisir que je prenais, adolescente, à entrer au bon onglet de ce carnet, que je choisissais avec soin, le nom, l'adresse et le numéro de téléphone de mes amis.

Je vous rassure, je prends toujours autant de plaisir à entrer de nouveaux contacts dans le répertoire de mon smartphone. C'est même beaucoup plus pratique et rapide à gérer : pas besoin de réfléchir, le contact se range tout seul à la bonne place dans l'ordre alphabétique. Et quelle facilité de les supprimer.

Parce qu'il faut, comme pour le reste de notre vie, appliquer la méthode TDR à nos répertoires. Trier, désencombrer, ranger. Même si ranger se fait désormais sans nous grâce au smartphone, trier et désencombrer est vital pour notre santé mentale.

Comment procéder ? Un peu comme avec vos dix pulls noirs ou vos trois économes. D'abord traquer les doublons et les éliminer. Ensuite passer en revue – je vous l'accorde, ça demande du temps si vous ne l'avez jamais fait, mais je vous assure que c'est efficace – tous les contacts et supprimer ceux qui vous sont inutiles – des gens que vous ne voyez plus, des médecins que vous ne consultez plus, des professionnels dont vous n'avez plus besoin, des amis qui n'en sont plus, voire des noms qui ne vous disent plus rien du tout...

Ce sera aussi le moyen de renouer contact avec des personnes que vous n'avez pas vues depuis longtemps, vous séparer des toxiques. Bref, de faire le ménage dans vos relations.

Moi, je fais ça régulièrement, par tranches, dans les transports en commun : rien de tel que quelques heures de train ou de voiture sur le siège passager pour obtenir un répertoire à jour.

Éliminez les personnes toxiques

Votre cerveau, que vous le vouliez ou non, effectue un classement des personnes qui composent votre entourage. Et c'est tant mieux : c'est aussi parce que nous sommes capables de ce rangement que nous pouvons nous rendre compte que certaines personnes sont indispensables à notre bonheur et que d'autres sont toxiques. Il est convenu aujourd'hui d'appeler « toxiques » les personnalités qui, par leur construction et leur mode d'organisation, sont destructrices dans leurs relations aux autres. La personne toxique projette sur nous ses propres carences affectives, tout en refusant de les reconnaître. Son objectif est de rendre l'autre responsable de ses malheurs. Et l'autre, c'est vous. Ce sont donc des « amis », des « copines » à qui notre cerveau a assigné un rôle qu'ils ne remplissent pas, ou plutôt qu'ils n'ont jamais rempli. En leur présence, nous sommes mal à l'aise, anxieux, déprimés. Ils nous pompent toute notre énergie parce qu'ils ne vont jamais bien. Les écouter toujours se plaindre nous épuise, et, double peine, nous culpabilisons de ressentir cette fatigue à leur contact.

Donc n'hésitez pas à vous séparer des personnes qui ne sont pas à la bonne place dans votre vie. Triez, désencombrez votre entourage de temps en temps. Posez-vous les bonnes questions : est-ce que je vois untel parce que je me sens obligé ou parce que je suis heureux en sa compagnie ? Pourquoi, lorsque je quitte untel, j'ai le moral dans les chaussettes, je me sens nulle ? Et pourquoi, quand je prends un café avec une copine que je vois rarement, j'ai l'agréable sensation qu'on s'est quittées la veille ? Sans culpabilité ni rancune d'aucune sorte.

Parée à toutes les éventualités

Je ne suis pas une grande cuisinière, je vous l'ai dit, mais j'aime inviter mes amis à dîner chez moi. Mais j'aurais beaucoup de mal à accueillir du monde si mon appartement n'était pas rangé. D'abord, j'aurais honte. J'ai discuté un jour avec un de mes amis qui m'a avoué ne jamais inviter qui que ce soit chez lui, alors que c'est quelqu'un de très sociable, de très joyeux, tellement il avait honte de son intérieur mal rangé… Et puis, proposer un lieu bien rangé aux yeux de ses invités, c'est aussi une marque de respect. Déblayer le canapé avant de proposer de s'y asseoir, nettoyer la vaisselle sale avant de mettre le couvert, c'est la moindre des choses.

Je suis de celles et ceux qui aiment l'ordre, vous l'aurez compris, mais aussi le beau. Souvent, lorsque mes amis viennent, ils sont fascinés par ma bibliothèque. J'apporte un soin tout particulier à cet espace chez moi : d'abord parce que j'adore les livres, mais aussi parce qu'il n'y a rien de plus beau et apaisant qu'une bibliothèque bien rangée. Idem pour ma discothèque de vinyles : quel plaisir de balayer du regard ces rayonnages colorés, où je trouve en une seconde le disque que je cherche et que je voudrais faire écouter à mes invités…

Accueillir les gens dans un espace harmonieux, propre et bien rangé, c'est aussi leur montrer qu'on les aime et qu'on prend soin d'eux.

Ranger sa bibliothèque, sa discothèque et sa DVDthèque

Le rangement de la bibliothèque, de la discothèque et de la DVDthèque est toujours un point sensible dans l'organisation de la maison. Car les livres comme les disques ou les films sont avant tout des révélateurs d'émotions ; ce sont des objets qui ont souvent une très forte valeur émotionnelle – on a tous en tête les premières notes d'un album capables de nous catapulter plusieurs années en arrière, déclenchant en quelques secondes de puissants souvenirs.

Il y a ceux qui veulent tout conserver, tous les livres lus, tous les disques écoutés, tous les films vus, depuis leur premier livre de la Bibliothèque rose ou leur premier 45 tours. Il y a ceux qui ne garderont que quelques exemplaires, sélectionnés avec soin suivant des critères précis et très personnels. Et au milieu, il y a nous, ceux qui ne savent pas trop comment s'y prendre : que garder ? que donner ? Car, je ne sais pas vous, mais moi, je ne peux pas jeter un livre…

Pour autant, le TDR d'une bibliothèque, d'une DVDthèque, d'une discothèque est nécessaire si on ne veut pas crouler sous des piles de livres jusque dans la salle de bains, mais aussi pour qu'ils ne s'abîment pas.

Quelle est la meilleure méthode ? La vôtre, serais-je tentée de répondre ! Mais si vous manquez de place, optez plutôt pour un tri subjectif et comptez sur vos ressentis pour savoir quel objet choisir. Pas la peine de conserver un prix Goncourt s'il ne vous a pas séduit. Donnez-le, il fera le bonheur d'autres lecteurs.

Une fois le tri et le désencombrement effectués, c'est le moment de ranger. Ne multipliez pas les espaces de rangement, vous risquez de ne plus rien retrouver. Mais vous pouvez malgré tout placer vos livres, DVD ou disques préférés en vue dans une bibliothèque ou une étagère dédiées, et ceux que vous souhaitez conserver dans des boîtes dans vos placards. De même, si vous aimez lire aux toilettes, vous pouvez y laisser quelques titres, personne n'y verra rien à redire ! Mais centraliser dans un seul endroit permet une meilleure organisation.

Pour le classement final, là aussi, plusieurs options :

• Pour les plus téméraires, le classement alphabétique. Mais il a le défaut de mélanger les genres et les formats (un livre de poche qui côtoie une BD, par exemple, peut s'avérer une perte de place, idem s'il faut alterner CD, 45 et 33 tours).

• Le rangement par catégorie (les livres de cuisine, les livres d'art, la littérature, les BD, les 33 tours, les CD, les DVD…) est à mon sens plus facile. Et rien ne vous empêche de créer des sous-catégories (littérature française, étrangère, pour enfants, polar, science-fiction, essais, biographies, films d'action ou d'horreur…) et de classer ensuite par ordre alphabétique.

• Posez les livres, disques et DVD à la verticale, côté description apparente (sur le dos, si vous préférez), bien plus pratique pour trouver ce que vous cherchez.

• Enfin, faites que le rendu soit le plus apaisant possible pour le regard : classer les BD ensemble permet une unité visuelle. Et en plus… c'est beau. Que demander de mieux ?

Chapitre 16
Tout pour les enfants

Quantitatif ou qualitatif ? Ne plus choisir !

Ah, nos enfants… on les aime, on ferait tout pour eux. Tout, oui, mais souvent n'importe quoi. Combien de fois dans une semaine un parent se reproche-t-il son manque de disponibilité pour ses enfants ? Pas seulement pour suivre les devoirs ou cuisiner des repas équilibrés – ça, soyons honnêtes, ce n'est pas plus mal de déléguer de temps en temps –, mais pour regarder un film avec sa progéniture au creux des bras, l'accompagner à ses activités du week-end sans s'inquiéter de tout ce qu'on pourrait faire à la place, faire une partie de jeux vidéo sans regarder sans cesse sa montre parce qu'on a un dossier à boucler ou la lessive à terminer. En un mot : profiter.

L'éternel dilemme des parents : privilégier le quantitatif, c'est-à-dire passer un maximum de temps avec nos enfants, mais la tête ailleurs devant la montagne de tâches qui nous reste à accomplir, ou le qualitatif, c'est-à-dire leur consacrer moins de temps, voire peu de temps, mais qui leur serait entièrement dédié ? L'un comme l'autre sont peu satisfaisants, car dans les deux cas on culpabilise…

La solution ? Ne plus avoir à choisir. « Merci Julia, mais encore ? » Pour cela, il faut s'organiser en insérant dans son emploi du temps de la semaine des moments uniquement dédiés aux enfants. Il faut anticiper. Vous avez décidé d'emmener le petit dernier à son atelier dessin du mercredi soir ? Notez-le dans votre agenda, en bloquant la plage horaire nécessaire. Ainsi, vous saurez que ce jour-là, à cette heure-là, vous n'êtes pas disponible pour autre chose que votre fils. Envolée la culpabilité, bienvenue la sérénité. Je sais, pour l'avoir expérimenté quand mon fils était plus jeune, combien il est parfois difficile, même avec un planning bien organisé, de trouver le temps pour ces moments. Mais je vous assure que si vous faites l'effort de vous y tenir, au bout de quelques semaines, ces rendez-vous devenus des habitudes s'intégreront dans votre emploi du temps au même titre que le travail ou les courses. Et le pari sera gagné.

Le casse-tête de la famille recomposée

Organiser sa vie va bien au-delà de « range ta chambre », « organise ta bibliothèque » ou « trie ton courrier ». C'est parfois une obligation. Je me suis séparée du père de mon fils il y a plusieurs années, et j'ai vite compris une chose : sans organisation, la vie de parents séparés est un cauchemar pour les adultes mais aussi et surtout pour les enfants.

Une séparation, c'est le grand chambardement, matériel et émotionnel. Une fois mise en place la garde des enfants, il faut que chacun retrouve son rythme et ses marques. Aujourd'hui, la garde alternée – c'est-à-dire une semaine chez un parent, une semaine chez l'autre – est de plus en plus courante. Les premiers temps paraissent souvent insurmontables : comment faire pour que nous, adultes, ne perdions pas pied et que nos enfants ne vivent pas dans un bazar permanent ?

Seule une bonne organisation et une certaine capacité d'anticipation permettent que les choses se passent bien : établir de façon claire le planning des semaines et des week-ends (école et vacances), répartir les rendez-vous entre l'un et l'autre parent pour savoir qui fait quoi, partager l'emploi du temps scolaire des enfants pour ne pas oublier le livre de maths ou les partitions de guitare dans la mauvaise maison…

Personnellement, j'ai réussi à ne pas perdre le nord grâce à un agenda partagé entre le père de mon fils et moi. Lors d'une séparation, il arrive malheureusement que la communication verbale soit coupée pour un temps ; l'agenda partagé permet de donner les informations nécessaires sans avoir besoin de se parler. Je mentirais en disant qu'il n'y a pas eu quelques ratés, mais la situation s'est très vite stabilisée.

Se séparer lorsqu'on a des enfants, c'est aussi se retrouver seul à s'en occuper la moitié du temps et seul tout court l'autre moitié ! Pour le vivre au mieux, il faut résoudre l'équation quasi impossible entre le « trop » et le « pas assez » – sans compter le manque qui s'installe et la solitude quand les enfants ne sont pas là...

Mais à Julia, rien d'impossible ! Tout est dans l'organisation et l'anticipation. Voici quelques conseils de bon sens qui m'ont aidée à m'en sortir :

– Inscrivez dans votre agenda – idéalement partagé – pour chaque semaine les rendez-vous, les courses, l'emploi du temps de l'école et les activités prévues, pour les enfants et vous (y compris du temps pour le plaisir et la détente).

– Les semaines où les enfants sont là, éliminez au maximum les activités superflues ou les tâches qui ne sont pas prioritaires. Ne surchargez pas votre emploi du temps, gardez votre énergie pour prendre soin de vos enfants et de vous-même. Vous aurez la possibilité de rattraper le décalage la semaine suivante.

– Prévoyez des repas simples qui demandent peu de préparation.

– Planifiez un moment seul avec vos enfants lors des changements de garde. Il vous permettra de faire le plein de câlins avant leur départ pour la semaine ou de vous retrouver après plusieurs jours d'absence.

– Installez très vite des routines : mettez en place le plus tôt possible les nouvelles règles de vie de la maison – horaires du bain, du repas, du coucher, des devoirs ou du temps pour les écrans.

– Créez des rituels. Vous pouvez par exemple décider que les vendredis où vous êtes ensemble sont des soirées cinéma à la maison. Ils donnent un sentiment de sécurité à vos enfants et renforcent les liens familiaux.

– Organisez de façon précise votre emploi du temps quand vous n'avez pas vos enfants. Parce que, même si on a tous rêvé un jour de les confier pour pouvoir partir en week-end et dormir jusqu'à midi, ils nous manquent quand ils ne sont pas là. Parfois même terriblement. Alors pour combler le vide, j'avais tendance au début de ma vie de maman solo à saturer mon agenda. Or j'ai vite compris que les semaines sans enfant n'étaient pas seulement des semaines pour rattraper tout ce qu'on n'avait pas eu le temps de faire ; elles étaient aussi très importantes pour prendre soin de soi et se ressourcer. Voire profiter. Alors prenez soin de votre vie sociale durant ces temps solo. Essayez de vous réserver des moments pour vous faire plaisir avec une activité qui vous fait du bien. Profitez-en, si c'est possible, pour dormir un peu plus. Quelques bonnes nuits de sommeil peuvent vous donner l'énergie nécessaire pour prendre soin de vos enfants quand vous les retrouverez. Et si vraiment l'ennui et le manque sont trop forts, pensez à des activités que vous aimeriez faire avec lui quand il sera avec vous.

Peu à peu, vous verrez, votre vie de famille retrouvera son équilibre. Votre quotidien pourrait même devenir plus organisé qu'à l'époque de la vie de famille quand vous étiez en couple. En effet, l'absence de conflits et la diminution du stress qui en découle rendent les parents plus disponibles.

Chapitre 17

Pour être heureux au bureau, une solution : soyez organisé

Être organisé dans sa vie professionnelle permet des rapports bien plus harmonieux avec ses collègues. « C'est bien gentil, Julia, mais ma boîte n'est pas le pays des Bisounours, et l'harmonie... on en est loin ! » Je ne suis pas naïve, je sais bien que tout n'est pas rose dans le monde de l'entreprise et du travail en général. Alors comment réussir ce tour de force ?

Nous passons toutes et tous une quarantaine d'années de notre vie à travailler, plusieurs heures par jour, plusieurs jours par semaine, plusieurs dizaines de semaines par an. Il est grand temps de se demander comment profiter au mieux de toutes ces heures partagées avec nos collègues. Parce que oui, on peut entretenir des relations agréables dans le travail, et pas seulement avec les collègues devenus nos amis.

Dans ce secteur aussi, l'organisation est un sérieux atout. Pour entretenir de bonnes relations professionnelles – qui, ne l'oublions pas, vous motiveront pour venir travailler et vous rendront plus efficaces –, il faut y consacrer un peu de temps. Donc une bonne organisation est nécessaire afin de pouvoir s'échapper à l'heure du déjeuner pour accepter l'invitation de vos collègues à se joindre à eux, prendre des pauses régulières et discuter, offrir un café à votre voisine ou voisin de flex office ou de coworking.

Établir des plages horaires de travail réfléchies, c'est-à-dire raisonnables et faisables, permet de s'octroyer des plages de détente. Avoir un bureau, un ordinateur bien rangés sont autant d'atouts qui vous autoriseront à prendre des pauses sans mettre en danger vos résultats. Pour bien s'entendre avec ses collègues, c'est-à-dire être à l'écoute, présent en cas de besoin, fiable et souriant, il faut s'organiser. Tout simplement.

Organiser son espace de travail

Organiser son espace de travail permet d'être plus efficace, plus motivé et de ne pas perdre de temps inutilement. La qualité du travail fourni est impactée par l'espace dans lequel celui-ci est produit : si vous arrivez le matin et que votre bureau est recouvert de dossiers en désordre, vous aurez juste envie d'une chose : retourner sous votre couette ! Donc il est essentiel de ranger son bureau le soir pour que, chaque matin, en arrivant, vous ayez immédiatement – ou presque – envie de vous y mettre.

La recette pour un bureau bien rangé est la même qu'à la maison : on trie, on désencombre, on range. N'hésitez pas à demander à votre employeur des étagères ou des modules de bureau supplémentaires pour pouvoir ranger vos dossiers bien en vue à proximité immédiate de là où vous êtes assis, afin de ne pas perdre de temps à aller les chercher dans le bureau d'à côté. Ne placez dans les armoires que les dossiers les moins urgents, si vous devez les conserver et non les jeter. Usez et abusez des chemises cartonnées, toutes étiquetées avec précision. Idem pour vos fournitures de bureau : pas besoin d'avoir douze crayons à papier ou quatre stylos noirs. Un de chaque suffit.

Enfin, une fois l'espace ordonné, on applique la méthode « action/réaction » : je consulte un dossier, je le range une fois que je n'en ai plus l'utilité ; j'utilise un stylo, je le replace dans le tiroir après usage… Ainsi, votre bureau ne sera plus jamais encombré. Et vous gagnerez en sérénité.

« Une chambre d'enfant à ranger,
c'est une vie à construire. »

DANIEL PENNAC

Cinquième partie

ORGANISER, C'EST BON POUR LA SANTÉ !

Avoir un intérieur rangé et un cerveau désencombré est un des atouts majeurs – et très peu coûteux ! – pour préserver sa santé aussi bien physique que mentale.

Chapitre 18

Rangez, organisez, anticipez, vous resterez en bonne santé

Ranger, une activité physique efficace et gratuite

Pour ceux qui l'ignoreraient, sachez que ranger son intérieur est très physique. Pas les quelques minutes par jour pour entretenir ce qui existe, non, mais le *grand rangement*, oui ! Déplacer des objets, remplir des boîtes, faire le tri dans nos affaires, bouger des meubles ou porter des sacs-poubelles pleins demande de l'énergie. Comme lors d'une séance de sport, on dépense des calories ! Et toujours comme après une bonne séance de sport, le cerveau libère des endorphines, les hormones du bonheur. Une session de rangement ou de ménage vaut un passage à la salle de gym.

Ranger est une source de bien-être car l'air circule plus facilement ensuite chez vous. Vous vous sentirez mieux physiquement parce que vous respirerez l'air renouvelé – n'oubliez pas d'ailleurs d'aérer dix minutes par jour votre maison ou votre appartement, même en hiver.

En plus de ses vertus psychiques, organiser son environnement aurait aussi des conséquences physiques sur celui qui s'y livre. Dans son ouvrage devenu l'une des bibles du rangement et de l'organisation, Marie Kondo [1] raconte que certaines personnes, après une réorganisation totale de leur intérieur, ont perdu du poids, ont vu leur ventre se raffermir, ou ont eu le sentiment d'avoir fait un « mini-jeûne ». Si cela vous arrive, pas d'inquiétude : « Notre corps se débarrasse simplement de toxines qui se sont accumulées pendant des années et retrouvera ensuite son état normal », prévient la consultante. On peut être sceptique, mais les exemples existent bel et bien. Moi, je n'ai jamais perdu un gramme, et Dieu sait que j'ai rangé… Le rangement serait-il la nouvelle détox ? Rien ne vous empêche d'essayer.

Plus de rendez-vous santé manqué

La pandémie de Covid-19 nous a rappelé, souvent de façon très douloureuse, à quel point notre santé pouvait être fragile. Je ne suis pas hypocondriaque – je n'ai pas tous les talents ! –, mais je ne manque jamais un rappel de vaccin, pour moi

1. *La Magie du rangement*, First, 2015.

ou les miens. Je sais quand renouveler un traitement quand j'en prends un, et je n'oublie jamais un rendez-vous pour les dépistages – par exemple les mammographies de contrôle.

Rien à voir avec une mémoire hors norme : je note tout. D'abord, je programme une alerte sur mon smartphone me rappelant que je dois prendre un rendez-vous. Dès la réception du rappel, je prends ledit rendez-vous tout de suite. En matière de santé, la procrastination nous met en danger. Aujourd'hui, grâce aux applications de prise de rendez-vous en ligne, rien de plus simple que de prendre soin de sa santé ; une fonctionnalité permet même d'enregistrer le rendez-vous dans l'agenda de votre smartphone.

Toujours le même principe : action/réaction. Ce qui fonctionne pour ranger les objets est aussi efficace pour prendre soin de soi. Je reçois une alerte ; je prends immédiatement rendez-vous. Et je m'y rends, évidemment.

Bougez !

Lorsque notre emploi du temps est bien organisé, il est beaucoup plus facile de caser l'heure de sport hebdomadaire qui nous fera le plus grand bien. Que celui ou celle qui n'a jamais prétexté que son emploi du temps était « teeellement » rempli qu'il était impossible d'y ajouter une demi-heure de piscine, un footing ou une heure de zumba lève le doigt ! Et je ne vous parle même pas de pratiquer un sport collectif ou une activité sportive plus d'une fois par semaine. Or, si votre emploi du temps est visuellement clair, sous forme écrite dans un agenda papier ou dans votre smartphone, nettoyé de toutes les activités inutiles ou chronophages qui vous pourrissent la vie, vous verrez apparaître des espaces vides, non colorés, et ces « trous » dans votre emploi du temps deviendront une aubaine pour y programmer votre séance de natation ou de pédalage dans l'eau.

L'OMS préconise vingt à vingt-cinq minutes par jour d'activité physique. Physique, pas sportive. Ces minutes peuvent donc être de la marche en ville comme des longueurs à la piscine, un run à l'heure du déjeuner mais aussi prendre les escaliers plutôt que l'ascenseur ou les escalators dans le métro, aller au travail à pied... Si votre planning est bien organisé, il vous sera bien plus facile de dégager le temps nécessaire pour descendre deux stations de bus plus tôt que prévu ou garer votre voiture plus loin du bureau pour terminer le trajet à pied.

L'armoire à pharmacie

Notre armoire à pharmacie déborde souvent de médicaments. Pour ceux qui, comme moi, n'aiment pas être pris au dépourvu, la tentation est grande de conserver les boîtes en trop des traitements passés, et toutes sortes de médicaments trouvés en pharmacie pour les petits désagréments quotidiens – paracétamol, ibuprofène, sirop pour la toux, médicaments contre les remontées gastriques ou la nausée...

Avant toute chose, rappelons que l'automédication peut être très dangereuse : ne prenez jamais un médicament sans consulter au préalable votre médecin ou votre pharmacien.

Ensuite, rangez régulièrement votre armoire à pharmacie car les médicaments périment.

Combien de temps peut-on garder un médicament après ouverture ?

Type de médicament	Durée de conservation après ouverture*
Crèmes et pommades sans conservateur	1 semaine
Crèmes et pommades avec conservateur	2 mois
Collyres	Utilisation immédiate ou 1 semaine
Sirops sans conservateur	2 semaines
Sirops avec conservateur	2 mois
Sprays pour le nez	Utilisation immédiate
Injectables	Utilisation immédiate pour la plupart ou 24 à 48 heures

* En l'absence de toute précision sur les boîtes ou notices de médicaments.

Sources : Vidal

Les médicaments à ne surtout pas consommer après la date de péremption sont :

– les collyres (médicaments liquides qu'on applique dans l'œil) ;

– les sirops ;

– les injectables ;

– les médicaments qui s'appliquent sur la peau comme les pommades, les gels ou les crèmes ;

– les médicaments reconstitués comme les solutions buvables pour les enfants et les nourrissons ;

– les médicaments sans conservateur ;

– les contraceptions (pilule, patch...) ;

– les traitements contre l'hypertension artérielle.

Pour éviter le développement de bactéries et de champignons, il est conseillé de ne pas stocker ces médicaments dans la salle de bains, où il fait chaud et humide – mais plutôt dans un endroit sec et frais. Certains médicaments doivent même être conservés au réfrigérateur : si c'est le cas, cela est mentionné sur la notice.

Les risques si on prend un médicament périmé sont :

– une prolifération microbienne dans les médicaments ;

– une infection ;

– une grossesse avec une contraception périmée ;

– une perte d'efficacité.

Ou comment l'organisation peut vous sauver la vie…

L'organisation au service d'une bonne alimentation

Nous avons vu que notre liste de courses, si on y apporte le soin nécessaire, s'avère un gain de temps et d'argent considérable. Mais ce n'est pas tout : une liste de courses bien organisée est aussi le gage d'une nourriture saine et équilibrée. Si nous prenons le temps d'établir la liste suivant le menu envisagé et de faire les courses en conséquence, plus besoin de passer en coup de vent, le soir en rentrant du travail, à la supérette la plus proche pour acheter de quoi dîner – et donc plus d'achat compulsif de nourriture réconfortante après une journée harassante. Ou de rentrer le plus vite possible chez soi et donc de se rabattre vers le plus rapide, à savoir les produits tout prêts ultratransformés, qui sont les plus nocifs pour notre santé.

J'imagine que vous connaissez cette envie irrépressible de passer au rayon confiserie avant de rejoindre la caisse ou de vous jeter sur cette barquette de hachis Parmentier prêt à manger. De temps et temps, pour dépanner, OK. Mais le mieux est bien sûr de manger maison, c'est-à-dire de se mettre un minimum aux fourneaux en rentrant. Les produits ultratransformés sont très mauvais pour la santé ; les éviter, c'est le premier pas vers une alimentation saine.

De même, parce que vous rangez votre réfrigérateur et vos placards de cuisine régulièrement, aucun produit périmé n'a de risque de se retrouver dans votre assiette ou celle de vos enfants. C'est la meilleure façon d'éviter l'intoxication alimentaire, une des causes les plus fréquentes d'accident domestique et qui peut s'avérer parfois d'une extrême gravité.

Chapitre 19

Un esprit sain dans un intérieur sain

Ranger, organiser, anticiper est bénéfique pour notre corps, mais aussi, et peut-être surtout, pour notre tête. Prendre le temps de ranger permet de vivre mieux. Se sentir bien dans son corps et dans sa tête passe par le fait de se sentir bien chez soi. L'environnement a un impact considérable sur l'équilibre corps/esprit. Mettre de l'ordre chez soi permet de voir plus clair en soi-même.

Ranger apaise

Le fait de répéter un geste, un mouvement – comme ranger des assiettes, plier des tee-shirts, remettre des papiers à leur place, etc. – a un fort pouvoir antistress. Ranger est une activité qui ne demande ni concentration ni réflexion profonde. Elle est donc parfaite pour s'apaiser.

Organiser, ranger est bénéfique pendant mais aussi après : quand on voit le travail accompli –

cette sensation si agréable d'avant/après –, on se sent satisfait et apaisé. On a la sensation du travail bien fait, d'avoir agi dans le bon sens, et c'est très réconfortant. Le stress diminue et l'esprit s'apaise.

En outre, ayant rangé, nous nous retrouvons dans un environnement sain, agréable, et visuellement reposant. En effet, pour que le rangement soit efficace, il faut avoir en tête de limiter autant que possible la pollution visuelle, celle qui attire le regard et fatigue nos sens. Le bordel fatigue le cerveau ; il le met en éveil forcé parce que, où que notre regard se pose, il est stimulé, envoyant sans cesse des informations à notre cerveau. Ainsi, lorsque l'on range, on évite la surstimulation visuelle [1].

Enfin, outre le fait de répéter des gestes qui apaisent et de ne pas vous fatiguer mentalement par la pollution visuelle, ranger allège notre cerveau car cela le soulage du désordre.

Mettre de l'ordre permet donc de vous libérer du poids du quotidien et de prendre soin de vous. Comme l'a écrit Dominique Loreau : « Ranger est un bon moyen de prendre soin de soi. Quand on est bien dans son intérieur, on est bien dans son corps ; et lorsqu'on est bien dans son corps, on est bien dans sa tête [2]. »

---

1. « Le confort visuel, secret d'un rangement bien-être » (www.passionnement-organisée.fr).
2. *L'Art de l'essentiel*, Dominique Loreau, J'ai lu, 2009.

Le confort visuel

Qui dit confort dit inconfort. Or l'inconfort visuel est plus ou moins subtil. Parfois, les choses sont à leur place, mais le champ de vision est dérangeant. Parfois, le problème « saute aux yeux ». Parfois enfin, on peut tout simplement ressentir un malaise diffus, sans trop savoir pourquoi.

Le manque de confort visuel chez soi ou dans son espace de travail provoque :

– une fatigue oculaire (trop de couleurs, de formes, de stimuli différents) ;

– une fatigue mentale ;

– une sensation de désordre (alors même qu'il n'y en a pas réellement) ;

– une sensation d'envahissement ;

– un manque de clarté dans les pensées ;

– une difficulté à prendre une décision, par exemple quelles chaussures mettre devant une montagne de paires enchevêtrées les unes dans les autres ;

– de l'irritabilité.

Pour qu'un rangement soit visuellement bienfaisant, voici quelques conseils :

• Dissimulez les objets ou les systèmes de rangement trop grands ou trop remplis, générateurs de stress : appareils électroménagers encastrés, rideau devant un dressing ou des rangements muraux, meubles fermés. Gardez visible ce qui est vraiment agréable pour votre œil (objets coordonnés, que vous aimez, que vous trouvez beaux). Faire du rangement, c'est faire de la déco en même temps.

- Limitez la quantité d'objets offerts à votre regard. Pour autant, ne les rendez pas trop compliqués à atteindre. Votre quotidien, vos gestes doivent rester simples.
- Regroupez les objets d'une même famille.
- Harmonisez les couleurs et les formes : couvercles du même ton, contenants de même hauteur.
- Privilégiez l'alignement, la symétrie, la cohérence dans la disposition.
- Les matières naturelles ont un rendu visuel moins agressif pour l'œil (plutôt des corbeilles que des bacs en plastique par exemple).
- Laissez de l'espace vide dans tous vos rangements. Certains professionnels de l'organisation parlent de 30 % d'espace à laisser libre en permanence.

Ranger rassure

On ne s'en rend pas toujours compte mais on noue une relation avec les objets. Ranger, au sens de remettre un objet à sa place, a quelque chose de rassurant. Ce n'est pas pour rien que les personnes souffrant de TOC ont parfois pour habitude de vérifier si tout est bien en ordre plusieurs fois de suite.

Pour le psychanalyste Alberto Eiguer, auteur de *Votre maison vous révèle. Comment être bien chez soi* [1], la manière dont on range est non seulement le reflet de notre personnalité, mais aussi de nos peurs et de nos conflits intérieurs. La maison est comme une troisième peau – la première étant la peau biologique et la deuxième le vêtement : « Il y a une relation sentimentale qui s'affirme dans l'acte de ranger. En plaçant un vêtement dans son placard, on l'intègre à sa vie. Ranger, c'est donner un sens aux objets. » Et en donnant un sens aux objets, on donne aussi un sens à sa vie.

Ranger déstresse

Des études ont montré que le désordre générait du stress, un certain mal-être, la sensation diffuse

1. Alberto Eiguer, *Votre maison vous révèle. Comment être bien chez soi*, Michel Lafon, 2013.

d'être sollicité en permanence. Un espace désorganisé agresse notre cerveau : il envoie des signaux à tous nos sens – visuels d'abord, parfois olfactifs... –, et empêche le repos intellectuel. Au point qu'il rend certains d'entre nous irritables, voire les déprime.

Il entrave aussi la concentration. Des chercheurs ont tenté l'expérience suivante : deux groupes d'étudiants ont été placés dans des conditions différentes pour travailler. Le premier groupe avait pris place dans une salle vide, à part des chaises et des tables. Le second devait travailler dans une salle où s'entassaient livres, dossiers... Il a été prouvé que le groupe « sans pollution visuelle », c'est-à-dire sans bordel visible autour de lui, était bien plus efficace dans son travail que l'autre, parce que bien plus capable de se concentrer.

Ainsi, un intérieur rangé procure un sentiment de sérénité, de légèreté, d'énergie retrouvée. Il permet à notre esprit de se calmer, de se reposer. Il nous apaise. Nous sommes ainsi plus à même de réfléchir et prenons de meilleures décisions.

Le ménage, une psychothérapie

Il est temps d'évoquer le partenaire idéal du rangement, son binôme indéfectible : le ménage. Faire le ménage chez soi est une très bonne thérapie. Dominique Loreau explique dans *Faire le ménage chez soi, faire le ménage en soi* [1] que la littérature zen regorge de références au ménage. Et que dire du Japon, un des pays les plus propres de la planète... Le ménage, travail manuel aux gestes répétitifs et cadencés, est un moyen pour vous reconnecter à vous-même, de faire le vide dans votre tête. De méditer. Et lorsque tout est propre, comme quand tout est rangé, notre esprit est libre, apaisé et satisfait.

Le ménage est aussi une des techniques enseignées en sophrologie : quand nous faisons le ménage, nous pouvons visualiser ce qui nous préoccupe et nous en débarrasser en même temps que la saleté ou la poussière. Dans *L'Art de l'essentiel*, Dominique Loreau écrit : « Faire le ménage et le vide autour de soi, c'est non seulement nettoyer sa maison mais son psychisme. »

1. *Faire le ménage chez soi, faire le ménage en soi*, Marabout Poche, 2019.

Ranger, c'est méditer !

Les bienfaits de l'ordre sur notre santé mentale sont nombreux, à commencer par le rangement lui-même. Prendre le temps d'organiser son intérieur, de réfléchir à l'emplacement des choses, suivant la façon dont nous vivons et dont nous nous en servons, est en soi une activité bonne pour notre esprit. C'est un exercice parfait de pleine conscience : organiser son chez-soi se fait forcément en étant concentré sur le moment présent, sur ce que nous faisons, là, ici et maintenant. Ranger fait appel à tous nos sens : le toucher, l'ouïe, l'odorat, la vue… Il nous faut analyser notre environnement pour adapter au mieux l'organisation de notre intérieur, tous nos sens sont donc en éveil.

Pleine conscience, instant présent, éveil des sens : ranger, c'est méditer !

Il existe même des méditations dont le thème est… le rangement intérieur ! Le but est de ranger ses pensées, ses émotions.

L'avis de la philosophe

J'ai demandé à Marie Robert, @philosophyissexy sur Instagram, l'auteure de *Kant tu ne sais plus quoi faire, il reste la philo*, du *Voyage de Pénélope* et d'*Une année de philosophie* (Flammarion-Versilio), qui est aussi directrice pédagogique des écoles Montessori Esclaibes, ce que lui évoquaient, en tant que philosophe, le rangement, l'organisation et l'anticipation.

« Il y a une chose que j'adore dans la vie, c'est ranger. Ce n'est pas une contrainte. Ni une ligne de plus sur ma to do list, *encore moins une tâche pénible du dimanche. C'est plutôt une sorte de méditation. Ranger des placards, des bibliothèques, du linge, des papiers, ou encore organiser mon agenda, constitue pour moi une source insatiable de satisfaction. Banalement, organiser m'apaise car, dans un monde de chaos, cette activité pourtant rébarbative, triviale et insignifiante, me donne la sensation prodigieuse d'être créatrice d'une possible harmonie. Ranger, c'est résister à la débâcle, c'est permettre à chaque chose d'avoir sa juste place, en redonnant de la cohérence, de la précision, et de la rationalité aux espaces qui nous entourent.*

C'est donner un "cadre" à sa journée. À l'image de celui de la bicyclette, dont il autorise le mouvement des roues, le cadre est une ossature, un élément de stabilité et de solidité qui permet de supporter le tourbillon de l'existence. S'intéresser au cadre, au rangement, à l'organisation, c'est porter de l'attention à ce qui ne bouge pas ou peu, à ce qui apporte une stabilité dans la discontinuité de nos jours, à ce qui offre de la permanence au-delà de la succession de nos activités. Quels sont nos repères ? Quelles sont ces routines conscientes qui nous rassurent ? Pas ces gestes mécaniques, mais ceux qui nous fondent. Est-ce une chanson ? Une pratique sportive ? Un aliment ? Une personne ? Un rite qui n'a de sens que pour nous ? Quel est ce trois fois rien qui forme notre presque tout et nous évite de chanceler ? Quels sont nos remparts pour ne pas nous laisser emporter, pour ne pas perdre pied, et ne pas faire juste pour faire, sans comprendre ce qui nous arrive ? S'arrêter un instant sur notre cadre, ce n'est pas un caprice, pas une futilité égoïste, c'est construire quelque chose de solide qui nous permettra d'accueillir le désordre ! »

Organiser sa vie pour diminuer la charge mentale

Impossible d'évoquer notre santé mentale sans parler de nouveau de la charge mentale et du burn-out qui en découle parfois, personnel ou professionnel. De ce stress, qui peut conduire à des dépressions sévères, généré par l'impression de courir sans cesse après le temps et de ne rien faire correctement.

Quand nous avons la sensation de nous noyer dans l'océan des tâches que nous avons à accomplir, il faut agir, et vite, pour stopper la spirale avant que la vague nous engloutisse. Pour nous sauver du naufrage – et j'arrêterai là la métaphore maritime –, il faut revoir l'organisation de notre vie, afin d'alléger notre quotidien.

Nous l'avons vu dans le chapitre sur les bienfaits de l'organisation sur notre emploi du temps : mettre en place de nouvelles règles dans la famille, faire participer chaque membre aux tâches quotidiennes, permet de rééquilibrer la donne. À chaque changement apporté, à chaque tâche redistribuée, à chaque corvée déléguée, notre charge mentale s'allège, notre cerveau s'apaise, notre stress diminue.

Mais la charge mentale n'est pas seulement la somme des tâches du quotidien. C'est aussi performer au boulot, éduquer les enfants, trouver du temps pour son couple et pour soi… Je vous ai déjà parlé de mes astuces : établir des *to do list*, apprendre à gérer ses priorités. Mon truc préféré reste, et de loin, mon agenda partagé. C'est vraiment l'outil qui me sauve la mise : avoir sous les yeux sur une même page le planning de la semaine est un gain de temps inestimable. C'est aussi très rassurant : je sais exactement de quoi ma semaine sera faite. C'est un confort mental non négligeable et une grande source de calme pour mon esprit surbooké !

La charge mentale, une question de santé publique

Selon l'Organisation mondiale de la santé, la santé est un état de complet bien-être physique, mental et social, et ne consiste pas seulement en une absence de maladie ou d'infirmité. Toujours selon l'OMS, la santé mentale est un « état de bien-être qui permet à chacun de réaliser son potentiel, de faire face aux difficultés normales de la vie, de travailler avec succès et de manière productive, et d'être en mesure d'apporter une contribution à la communauté ». Le concept, d'abord sociologique, de charge mentale entre dans la catégorie des états de mal-être profond.

D'après le Larousse, la charge mentale est « le poids psychologique que fait peser (plus particulièrement sur les femmes) la gestion des tâches domestiques et éducatives, engendrant une fatigue physique et psychologique ». Concrètement, ce « travail » consiste à planifier à l'avance les repas de la semaine, à organiser les courses en conséquence, à prévoir les inscriptions aux activités des enfants, à s'assurer que le linge soit bien lavé et repassé et qu'ils aient leurs vaccins à jour, à acheter les billets de train à l'avance, etc. Ces pensées parfois envahissantes demandent une vigilance permanente. Ce n'est pas l'accomplissement des tâches ménagères qui constitue le plus gros de la charge mentale car, de plus en plus, les hommes assurent une part importante des tâches de la maison. Ce travail implicite, invisible, prend autant de temps et d'énergie psychique. La femme est vécue – et se vit – comme un « chef de projet » en entreprise : elle porte le stress d'organiser mais, en plus, elle a très souvent le stress d'exécuter. La femme doit aussi maintenir le lien social avec la famille, préserver l'harmonie du couple en veillant à maintenir un bon niveau de communication ou à organiser des moments en amoureux. Cet énorme travail de gestion et d'anticipation est la cause première de la « surcharge mentale » qui épuise tant de femmes au quotidien [1]. L'un des premiers pas à faire lorsque la vague vous submerge, c'est de mettre à plat toutes les tâches et les réorganiser, puis en parler avec votre conjoint au plus vite. Et si cela ne suffit pas, il faut impérativement aller

1. Dr Christophe Fauré (psychiatre), *Le Magazine de la santé*, 26 septembre 2017.

consulter votre médecin généraliste ; votre mal-être peut cacher une pathologie à ne pas négliger.

Ranger, organiser, c'est y voir clair

Cette assertion est vraie, au sens propre comme au sens figuré.

Lorsque nous nous lançons dans le rangement d'un placard, d'un tiroir, de notre bureau, de notre ordinateur, de notre smartphone même, c'est pour y voir plus clair : avoir une vision globale de ce que nous possédons pour pouvoir optimiser le rangement de notre intérieur, pouvoir en le moins de temps possible mettre la main sur ce que nous cherchons parce que chaque objet est désormais à la bonne place. Une fois notre maison, notre appartement rangés, dépouillés de toute pollution visuelle, nous y voyons plus clair chez nous.

Nous l'avons vu, la dépollution visuelle qu'entraîne le rangement permet un plus grand calme intellectuel, une plus grande capacité à réfléchir vite et bien. C'est comme si, en rangeant les objets qu'on possède, en organisant notre quotidien, on avait trouvé nous aussi notre place. Notre cerveau n'est pas encombré du bazar extérieur, il peut donc s'attaquer à ranger son bordel intérieur. Marie Kondo, papesse incontestée du rangement et fondatrice de la méthode Konmari [1], a expliqué à plusieurs reprises que les gens chez qui elle était intervenue pour les aider à ranger et organiser leur intérieur avaient, dans la foulée, pris des décisions

1. *La Magie du rangement*, *op. cit.*

majeures dans leur vie professionnelle ou personnelle. Il n'est pas rare qu'une fois notre maison, notre appartement en place, notre emploi du temps bien organisé, nous passions à l'étape suivante et nous sentions suffisamment forts pour changer de voiture, prendre du recul avec certaines connaissances toxiques, voire changer de job !

Quand tout est à sa place, la vie est bien plus simple, plus facile et plus belle.

La magie de Marie Kondo

Impossible de parler de rangement sans évoquer la consultante japonaise Marie Kondo, auteure du best-seller international *La Magie du rangement*. Avec la méthode Konmari, elle a séduit plusieurs millions de lecteurs à travers le monde et de téléspectateurs avec sa série sur Netflix.

Pourtant, la méthode Konmari est pour le moins radicale : « Si vous rangez tout en une seule fois, et non petit à petit, vous pouvez modifier de manière spectaculaire votre état d'esprit. Le changement opéré est si profond qu'il touche à vos émotions et influe irrésistiblement sur votre mode de pensée et vos habitudes au quotidien. » Sa règle d'or : ne garder que ce qui procure de la joie au moment présent. Finis les objets qu'on garde juste parce qu'on nous les a offerts, les piles de livres qu'on lira (peut-être) un jour, les cartons d'anciens cours universitaires, les boîtes à chaussures pleines de cartes de vœux – « Pour trier mes papiers, mon principe de base est de les jeter tous ».

Le but ? Vivre avec moins d'objets pour vivre dans la joie. Trier, sélectionner et ranger afin de « perfectionner [ses] capacités à prendre des décisions [...] et trouver [son] mode de vie idéal ».

Comment bien ranger ? Marie Kondo établit 6 règles de base :

- S'engager à terminer une fois qu'on a commencé.
- Pour se motiver, visualiser ou épingler les intérieurs auxquels on aspire, même s'ils paraissent impossibles à obtenir. C'est comme quand on veut perdre du poids : on conseille parfois d'afficher sur son réfrigérateur une photo de la personnalité dont la silhouette nous fait rêver – ou de soi en bikini il y a vingt ans.
- Se débarrasser : donner, jeter, recycler et ne garder que ce qu'on aime vraiment.
- Trier par catégorie et non par emplacement : réunir les objets d'une même catégorie au même endroit.
- Ranger dans le bon ordre : d'abord les vêtements, ensuite les livres, puis les papiers, suivis des « komono » (accessoires, décoration, produits de beauté, etc.) et enfin les objets de valeur sentimentale.

• Et le plus important : ne garder que les objets qui procurent de la joie. Comment ? En les touchant et en vous demandant si tel ou tel vous rend joyeux – par les souvenirs qu'évoque un vêtement, ou la confiance en soi qu'on ressent quand on le porte... L'idée principale est de ne conserver que le meilleur.

Cette méthode est bien plus stricte que mes stratégies, vous en conviendrez. Et, personnellement, je ne parle pas à mes pulls et je ne remercie pas mon vieux canapé avant de le vendre. Et même si elle permet de réduire le nombre d'objets que l'on détient, ce n'est pas le but ultime : et, encore une fois, si vous êtes heureux en présence d'un grand nombre d'objets, rien ne vous oblige à vous en débarrasser.

Une fois qu'on a déterminé ce qu'on garde, il faut assigner à chaque objet une place. Sa place. C'est là que vient le rangement à proprement parler, celui qui fera de l'espace de vie un espace de joie. C'est quand tout a trouvé sa place que l'on se sent bien chez soi, et qu'on peut enfin affronter l'extérieur. Ranger, c'est purifier : en se libérant de ce poids, la personne porte un regard neuf sur son intérieur et sur elle-même. Ranger, c'est faire le point sur sa vie en général et amoureuse en particulier – Marie Kondo explique que de nombreux clients souhaitent par exemple une chambre qui leur permettrait de trouver l'amour…

« La vie ne commence vraiment que lorsqu'on a remis de l'ordre chez soi » : Marie Kondo affirme : « Dis-moi comment tu ranges, je te dirai qui tu es. » Ranger est non seulement une forme d'introspection, mais aussi de libération pour redémarrer sa vie sur des bases plus saines et enfin trouver le bonheur. Car c'est bien de cela qu'il s'agit : vivre enfin heureux.

Chapitre 20
Avoir une meilleure image de soi

Vous l'avez sans doute compris maintenant que nous arrivons au terme de ce livre, je n'ai aucun problème à parler de ma façon de fonctionner aux gens autour de moi, quels qu'ils soient, qu'ils partagent mes convictions ou non. Au contraire : j'aime expliquer comment, et surtout pourquoi, ranger, organiser, anticiper les différentes facettes de ma vie me rend heureuse. C'est comme ça que j'envisage le bonheur, que je me préoccupe et prends soin des autres, de mon homme, de mon fils, de mes amis. Mais aussi et surtout de moi.

Organiser, c'est être courageux

Il n'est pas donné à tout le monde de ranger. Ranger demande du courage, de la persévérance. Nous connaissons tous ces moments où on préférerait se laisser couler sur le canapé plutôt que de se lancer dans ce que nous avons à faire, en se disant que nous ferons tout ça... demain. C'est cette satanée procrastination qui est là, tapie dans l'ombre, et qui n'attend qu'un moment d'inattention de notre part pour nous sauter dessus. Et une fois que Procrastination est installée, pas facile de la déloger, celle-là... On remet à plus tard, à demain, à la semaine prochaine, et rien n'est fait. Le sentiment du travail bien fait est peu à peu remplacé par cette sensation diffuse, sournoise, toxique, de n'être bon à rien, de n'avoir aucune volonté, de ne jamais rien achever, ou pire, de ne jamais rien commencer. Et l'estime que nous avons de nous-même disparaît aussi vite que notre motivation.

J'ai donc décidé de lutter de toutes mes forces contre la procrastination. Ma stratégie ? Ranger, organiser, anticiper. Ces trois actions influent sur ma façon de me comporter, d'affronter les bons comme les mauvais moments de l'existence. Cette « méthode » – même si je n'aime pas ce mot – joue aussi sur l'image que j'ai de moi. Elle agit même sur ma personnalité.

Organiser, c'est se sentir fort pour affronter la vie

Nous avons toutes et tous des matins où on préférerait rester sous la couette plutôt que de se lever. Et je ne parle pas que des jours de grand ménage ! Je pense à tous ces matins où on se sent moche, fatigué, trop ceci ou pas assez cela, où il fait gris dehors et où on a tout un tas d'obligations prévues qui nous paraissent insurmontables. Le moyen le plus efficace que j'ai trouvé pour ne pas me laisser engloutir par ce sentiment d'impuissance est d'organiser, anticiper chaque jour. Cela ne m'empêche pas de ne pas avoir envie parfois ; ce n'est pas non plus une patte de lapin qui éloigne les problèmes ! En revanche, ranger, organiser, anticiper, c'est affronter la réalité, quelle qu'elle soit. C'est une technique imparable pour prendre les problèmes à bras-le-corps avant qu'ils ne nous submergent. C'est être pragmatique, acteur de ce qui nous arrive. C'est ne pas se laisser trimballer par la vie. C'est être et ne jamais subir.

Un dégât des eaux quand vous rentrez du travail les bras chargés de courses et les enfants derrière vous ? De quoi « péter les plombs », n'est-ce pas ? Or désormais, je prends ces aléas de la vie comme un défi à relever. Passé les deux ou trois premières minutes de sidération – durant lesquelles j'enchaîne quelques grossièretés, histoire de lâcher le trop-plein d'énergie –, mon cerveau se met en mode combat, rapidité et pragmatisme, et ce que je dois faire dans l'ordre le plus efficace m'apparaît. Je sais où trouver le contrat d'assurance de la maison et donc les numéros à appeler au plus vite. Je sais quoi donner à manger aux enfants puisque j'ai tout ce qu'il faut dans le frigo et déjà imaginé le menu du soir. Bref, je suis prête et je peux intervenir sans panique.

Quand se présente à moi ce genre de désagrément et que j'arrive à « gérer », comme on dit, un sentiment de confiance m'envahit. Et je me dis qu'organiser, anticiper me donne une sacrée confiance en moi, et la capacité de ne pas m'effondrer. Je me dis même que, parfois, les galères de la vie, c'est un mal pour un bien. Ça me rappelle combien je suis toujours opérationnelle, combative, et que peu de choses sont finalement graves dans la vie. Et surtout pas les dégâts des eaux.

Comme j'ai réglé le problème, ou du moins tout mis en place pour, je suis fière de moi. C'est pourquoi je dis souvent que ranger, organiser, anticiper, c'est excellent pour l'estime de soi. J'ai au fond de moi la certitude que je peux le faire. Quelle force ! J'ai les deux pieds ancrés dans le sol et peu de choses peuvent me faire tanguer. Je suis prête à braver les tempêtes du quotidien. Et les autres…

Organiser, c'est être performant

Organiser, anticiper, c'est aussi une bonne façon de faire en sorte que les gens vous prennent au sérieux, dans la vie professionnelle comme dans la sphère privée. Lorsque vous entrez chez une personne dont l'appartement est un capharnaüm géant, que vous dites-vous ? Qu'elle a les idées claires ? Qu'elle est capable de prendre une décision rapidement ? Vous inspire-t-elle confiance ? Il n'est pas ici question de jugement de valeur, mais de première impression. Quand vous entrez dans le bureau d'un collaborateur qui déborde de dossiers, de paperasse éparpillée, pensez-vous au premier chef qu'il est productif et rassurant ? Peut-être l'est-il, mais c'est déjà trop tard, vous vous êtes fait votre opinion.

Je n'ai pas la solution à tout, loin de là, mais je suis certaine d'une chose : ranger, organiser, anticiper, me permet d'être la personne que je souhaite être, quelqu'un de rassurant sur qui on peut compter. Et quand je le lis dans les yeux de ceux que j'aime, je me sens plus forte.

Pas d'ordre sans désordre

Le Larousse propose la définition suivante : le désordre est une « absence d'ordre, l'état d'un lieu où les choses ne sont pas à leur place, état des choses qui ne sont pas rangées, ordonnées, classées ». Mais il est aussi un « trouble de l'organisme ou de l'esprit ». Le désordre se caractérise par différents facteurs :

– accumulation dans le temps, qui peut aller de quelques secondes à plusieurs décennies ;

– accumulation de choses différentes (ou perçues comme telles).

Les deux principales causes du désordre sont :

– intérieures : le désordre peut s'accumuler lentement à cause du manque de soin. En un mot, le rangement n'est pas fait régulièrement. On peut ne pas ranger pour des raisons psychologiques ou socioculturelles (on a horreur de ça, cela ne sert à rien…). Ne pas ranger ou ranger moins, c'est aussi la sensation de ne pas perdre de temps à ranger – le temps gagné grâce au rangement vaut-il le temps passé à ranger et l'achat de matériel de rangement (classeurs, armoires, logiciels…) ? Le désordre est aussi synonyme d'improvisations artistiques, d'ouverture d'esprit, de créativité et d'innovation, sur le modèle de certains progrès scientifiques nés du désordre, comme la découverte de la pénicilline… Et puis, parfois, laisser volontairement s'installer le désordre permet de se rendre indispensable : sans nous, on ne retrouverait rien…

– extérieures : le désordre survient brutalement, à cause d'un élément extérieur (le vent, l'action humaine…).

Vivre dans le désordre amène à se sentir submergé par les objets et les tâches à accomplir. Notre esprit n'y est pas insensible, et rapidement s'y installe aussi le désordre. Nous avons une vision négative de nous-même, notre environnement nous fatigue, les émotions négatives et le manque d'énergie nous assaillent et les querelles avec notre moitié se multiplient sans qu'on y comprenne rien. Le stress à la maison se cumule alors avec le stress professionnel. Le cercle vicieux est enclenché.

Quant au capharnaüm, il n'est pas toujours un point négatif. Tant qu'il reste modéré, il peut être un moment de liberté et insuffler de la vie dans une maison.

Sixième partie

QUAND ORGANISER ET ANTICIPER VONT UN PEU TROP LOIN…

Il me semble important, même si je crois profondément aux bienfaits à tous points de vue du rangement, de l'organisation et de l'anticipation, d'envisager que peut-être, parfois, on puisse ne pas prendre la bonne direction, le bon chemin, pour soi ou pour les autres. Et que ce besoin d'ordre devienne non plus une solution mais un problème.

Chapitre 21

Quand anticiper rime avec inutilité

Vous l'avez compris, j'organise, j'anticipe parce que c'est mon mode de fonctionnement, celui qui me rend heureuse, qui me procure ce que je désire et m'apporte le bonheur. Il m'arrive cependant d'anticiper un peu trop. Parfois, je dérape. Je dépasse les bornes. Et je m'en rends compte : c'est pourquoi j'en parle avec autant de facilité. Ça m'arrive très peu souvent, mais j'ai en tête un souvenir que je voudrais partager avec vous.

C'était il y a quelques années, j'avais environ trente-cinq ans et ma vie professionnelle était, disons... plus calmc. Brcf, j'avais du temps à perdre. Un matin, au réveil, une idée me vient, certainement due au fait que, comme je ne croulais pas sous les propositions de travail, l'argent était devenu un sujet de préoccupation... Donc, un beau matin, je me lève et je me dis : « Julia, ma grande, il est temps de savoir à quelle sauce tu seras mangée à ta retraite. » Et me voilà partie au bureau de la caisse de retraite dont je dépends pour tout connaître de mes droits. Une fois sur place, je suis reçue par une charmante dame à qui j'expose la raison de ma venue. Je sens alors dans son regard que quelque chose cloche. Elle me dit alors : « Madame, vous avez trente-cinq ans, vivez donc votre vie, et revenez dans vingt ans. » Je l'ai remerciée et je suis sortie. Je n'avais pas eu la réponse que j'attendais, mais j'avais tout de même eu une réponse. Et elle m'a fait prendre conscience que trop d'anticipation n'était pas toujours utile…

Chapitre 22

Quand organiser rime avec privation de liberté

J'ai déjà évoqué cette inquiétude que je lis parfois dans les yeux de certaines connaissances : que je sois pour mes proches une sorte de tyran, la psychopathe de la chaussette qui traîne, la folle furieuse de la petite cuillère mal rangée. Que je mène mon monde à la baguette, sans aucune concertation, sans prendre en compte leurs envies et leurs désirs. Que ma maison soit un appartement témoin, froid comme la pierre, dénué de toute vie et de toute chaleur, où on pourrait manger par terre mais où la moindre miette déclencherait la Troisième Guerre mondiale…

Si c'était le cas, je serais célibataire depuis un bail et mon fils aurait pris ses affaires direction l'appartement de son père, vous ne croyez pas ? Pourtant, il existe des personnes chez qui organiser devient une façon de dominer le monde, leur monde. Et le bonheur tourne au cauchemar pour leurs proches.

Si je range, j'organise, j'anticipe, c'est pour moi, pour mon confort, mais aussi et surtout pour faciliter la vie de ceux que j'aime et pour les rendre heureux. Je le répète : je ne force jamais qui que ce soit à vivre selon mes règles. Mieux : je m'accommode du désordre des autres, de leur manque d'organisation et d'anticipation. Parfois même, je m'en réjouis : je peux ainsi exercer ma passion et mon art ! Il suffit parfois de fermer la porte de la chambre de mon fils ou du bureau de ma moitié pour satisfaire mes ardeurs de « rangeuse compulsive ». Plutôt que de fermer les yeux, fermons les portes !

Parfois, j'imagine ce que serait ma vie si je vivais avec un homme aussi organisé et qui anticiperait autant que moi. Ce serait peut-être très triste ! C'est ma façon à moi de prendre soin de ceux que j'aime, de la même manière que j'aime prendre soin de moi.

Chapitre 23

Organiser, anticiper, c'est grave, docteur ?

J'ai demandé au professeur Michel Lejoyeux, docteur en médecine et agrégé en psychiatrie, chef du service de psychiatrie et d'addictologie à l'hôpital Bichat-Claude Bernard et professeur de psychiatrie et d'addictologie à l'université Paris VII-Denis Diderot, de nous donner son avis sur ceux qui aiment l'ordre et l'organisation. Je l'ai notamment interrogé sur la possibilité que ce que je considère comme une qualité devienne non plus un défaut mais une pathologie.

« L'ordre, le désordre, avoir besoin d'organiser, d'anticiper, n'est en rien pathologique. Ne pas accepter de ne pas maîtriser me paraît même totalement adapté. Dans *Psychopathologie de la vie quotidienne*, Sigmund Freud s'intéresse au sens des actes manqués, des lapsus, de notre goût pour l'organisation ; ce n'est pas une raison suffisante pour en faire des symptômes psychiatriques. Rien dans tout ça n'est du champ de la maladie mentale.

« Le vrai sujet est une question de qualité de vie : si on passe plus de temps à entrer les informations dans son agenda, à les contrôler qu'à vivre, c'est là que le problème survient. En psychiatre que je suis, c'est cela que je regarde : est-ce que ça aide à vivre ou est-ce au contraire une vie substitutive ? On n'est jamais à l'abri que ce système organisationnel empiète sur la spontanéité de la vie. Donc il peut y avoir un danger. Mais il y a surtout une pertinence à ce que le système s'autonomise.

« Anticiper peut s'avérer, avec des données neurobiologiques confirmées, très bénéfique : quand on anticipe un rendez-vous qui nous importe beaucoup – un examen, un entretien d'embauche ou une rencontre sportive décisive –, le cerveau l'a déjà vécu. Anticiper une épreuve décisive est très pertinent car c'est une préparation. C'est donc un gage de réussite, à la condition que ce soit à l'idée d'une épreuve, et pas de tout dans la vie, sinon on n'est pas dans l'instant présent. Il y aurait alors un vrai danger de déconnexion et de perte de spontanéité.

« On pourrait s'interroger sur le sens du besoin de maîtriser : est-ce qu'au fond tout ça n'est pas aussi du champ du déplacement, c'est-à-dire du mécanisme de défense ? Est-ce qu'en maîtrisant ce qui est maîtrisable, on ne se donne pas l'impression de maîtriser les grands rendez-vous que, de toute façon, on ne maîtrisera pas ? Il est socialement plus acceptable de dire que l'on craint d'être en retard à un rendez-vous que de dire qu'on a peur de la mort. Quand on maîtrise quelque chose dans nos vies, ce n'est pas comme si on maîtrisait un ordinateur, on touche aussi à des facteurs inconscients. Cependant, il faut faire la différence entre une anticipation qui tient de l'entraînement et l'anticipation permanente qui est probablement assez toxique.

« L'organisation s'apparente aussi à ce que j'appellerais de la pensée magique, de la superstition. Au fond, jusqu'où ces rituels sont-ils des rituels objectifs et utilitaires, et jusqu'à quel point ne sont-ils pas un peu des rituels magiques ? Si je ne remplis pas mon agenda organisé, est-ce que ma journée va être bien quand même ? On a tous envie, dans nos habitudes, d'aller au-delà de l'utilitaire : est-ce que je ne protège pas mon fils quand je maîtrise son emploi du temps ? Nous sommes à la fois des êtres rationnels et irrationnels. On a tous des doudous, des rituels, des grigris, des comportements pas rationnels. Et Julia a le courage de le montrer. Ce n'est pas plus anormal que d'autres pratiques magiques qu'on peut avoir, mais ce n'est pas grave. À titre personnel et professionnel, je ne crois pas que l'organisation protège. Elle nous donne une illusion de protection, et c'est déjà très bien.

« La bascule dans la maladie mentale s'articule autour de la question de la maîtrise : quand la maîtrise ne sert pas à organiser, mais quand c'est une maîtrise qui s'autonomise, quand c'est une maîtrise pour la maîtrise. Il y a une différence entre maîtriser pour autre chose et maîtriser juste pour maîtriser.

« C'est ce que l'on voit dans le champ de ce qu'on appelle nous, les psychiatres, les personnes obsessionnelles : la personnalité obsessionnelle n'est pas quelqu'un qui va organiser sa vie mais quelqu'un qui va passer sa vie uniquement à l'organiser au point de la désorganiser par excès d'intérêt pour l'organisation.

« Il y a une autre chose qu'on retrouve en psychologie et qu'on appelle la phobie de l'interruption : qu'est-ce que qui se passe si le tableau plante ? si la connexion est perdue ? Est-ce que j'ai le sentiment que ma vie va s'effondrer ? Toujours pareil : est-ce que c'est une aide à vivre ou est-ce que ça devient l'essentiel ?

« Quant au désordre, à la désorganisation, on a beaucoup décrit les personnes dans la maîtrise et l'obsession, peu les personnalités désordonnées. On voit des syndromes d'accumulation, mais rarement quelqu'un qui vient consulter pour se plaindre du désordre. En revanche, ce que l'on voit, ce sont des troubles de l'attention. Certaines personnes qui souffrent de troubles de l'attention, les TDAH, s'automédiquent en fixant les choses de façon plus accentuée que les autres.

« Le rapport de l'organisation à la procrastination est aussi intéressant : un des intérêts objectifs de la planification, c'est de lutter contre cette tendance. Globalement, dans la personnalité obsessionnelle, il y a deux types de TOC :

– TOC qui range, qui maîtrise, qui vérifie, qui se lave, qui contrôle ;

– TOC qui hésite : "lenteur obsessionnelle primaire" de gens qui ne se déclenchent pas. Ils ne commencent rien. Par peur de mal faire, par perfectionnisme ou par peur de s'y mettre. Ils ne font que dans l'extrême urgence et se mettent dans la galère.

« Pour ces gens-là, l'organisation avec des microtâches peut les aider à s'y mettre. Cela va à l'encontre de la pensée absolutiste du tout ou rien. La tâche est trop grosse, donc si on la découpe, on a plus de chances de franchir le pas.

« Pour être dans le bon équilibre, je conseille un, ou plusieurs, "jour sans étiquettes" : des jours sans agenda. Dans toute organisation, il faut des vacances à l'organisation, au morcellement. Ceux qui ne savent pas le faire ont l'organisation névrotique. Celle de Julia est fonctionnelle. L'étiquetage est un terme psychologique ; donc il ne faut pas hésiter à ne plus étiqueter de temps en temps.

« Si jamais la sensation de désorganisation est trop forte, il faut aller voir son généraliste, car ça peut être à cause d'une maladie mentale – je pense à la dépression. Tant que l'on est dans la stratégie, tout va bien. Dans un certain nombre de cas, si on n'arrive pas à s'organiser ou si on est trop organisé, si on se sent débordé, écoutez-vous, n'ayez pas honte, car ça peut relever de la médecine.

« Pour terminer, je citerai un auteur indépassable en addictologie, Albert Memmi : "On a besoin d'ordre pour vivre et de désordre pour survivre." »

Je n'ai rien à ajouter.

Chapitre 24

Pour bien anticiper et organiser, lâchez !

Le professeur Lejoyeux a évoqué ce phénomène, plutôt rare chez moi, mais qui n'en est pas moins très agréable : la journée sans organisation, le « jour sans étiquettes ».

Ces journées sont pour moi extraordinaires à plus d'un titre. D'abord parce qu'elles sont – très – rares. Je ne m'en plains pas, attention : j'aime ma vie telle qu'elle est, je mesure la chance que j'ai de me lever tous les matins, un peu tôt c'est vrai, pour faire ce que j'aime. Il n'empêche que, comme tout le monde, parfois, le quotidien hyperréglé me pèse.

Ainsi, les journées sans étiquettes sont souvent synonymes de vacances. De moments où mon emploi du temps n'est pas chargé à bloc, donc de temps de détente et de farniente. J'adore ne rien faire en vacances. Mais vraiment rien. Mieux : je refuse de décider si cette après-midi c'est visite ou plage. Durant ces journées-là, je ne prévois rien, n'organise rien, n'anticipe rien : je laisse les heures s'écouler sans mon aide. À l'inverse de ce que je vis le reste du temps.

Et puis il arrive parfois que ces journées déboulent à l'improviste. Ce n'est pas du tout ce qui était prévu, mais peu importe ! Je les accueille avec sérénité. Il y a quelques semaines de ça, un samedi, tout ce que j'avais prévu s'est annulé. Je me suis retrouvée dans Paris avec rien à faire d'autre que flâner. Quelle extase ! Quel plaisir ! J'ai pu profiter de ces heures rien qu'à moi, totalement improvisées, et j'ai adoré. Et je les ai d'autant plus aimées qu'elles n'ont pas mis à terre le planning des jours suivants – vu que je suis organisée… CQFD !

Conclusion

Ranger, organiser, anticiper : trois mots qui peuvent tout changer dans une vie. Ils ont en tout cas tout changé dans la mienne, et ce depuis que je suis enfant. Loin de moi l'idée de prétendre avoir la solution à tous les problèmes ou vous proposer avec ce livre la nouvelle « méthode miracle ». Avec moi, pas de règles strictes ni de système préétabli : chacun est libre de trouver sa voie pour atteindre son but. Je ne suis pas un tyran domestique, encore moins avec mes collègues. Je suis cependant convaincue d'une chose : ranger, organiser, anticiper a le pouvoir de vous rendre plus heureux.

Avec les années, j'ai pu constater, jour après jour, qu'en étant un minimum organisé, on gagne du temps, de l'argent et plein de moments de bonheur, dans le privé comme dans sa vie professionnelle. Les problèmes se résolvent plus vite. Le travail se fait dans un cadre plus efficace et plus sain. Les relations aux autres sont plus faciles, plus claires. Même notre santé, physique et mentale, s'en voit renforcée !

Anticiper nous rend plus forts ; nous sommes prêts à affronter les petits désagréments comme les pires catastrophes. Nous sommes fiers de notre capacité à ne pas nous laisser trimballer, malmener, et on avance la tête haute.

Ranger, organiser, anticiper, ne demande pas de qualités particulières : c'est à la portée de tous. Si c'est à ma portée, c'est forcément à la vôtre ! Avec un peu d'imagination, de détermination et quelques conseils avisés, tout le monde peut y arriver. Et les résultats sont immédiats : avec une maison ou un appartement en ordre, qu'il soit petit ou grand, urbain ou campagnard, qu'on soit seul ou en famille, la vie est vite plus douce, plus apaisée. Plus amusante aussi.

Allez, quoi, tentez le coup : adieu bordel et à vous la vie heureuse !

Petite bibliographie

Chavanne, Philippe et Martel, Héloise, *Le Rangement pour les nuls*, First Éditions, 2016.

Eiguer, Alberto, *Votre maison vous révèle. Comment être bien chez soi*, Michel Lafon, 2013.

Kondo, Marie, *La Magie du rangement*, First Éditions, 2015

–, *Ranger : l'étincelle du bonheur. Le guide illustré de l'organisation et du rangement*, J'ai Lu, 2017.

Loreau, Dominique, *L'Art de l'essentiel*, J'ai Lu, 2009.

–, *L'Éloge de la légèreté. Jeter l'inutile pour vivre plus libre*, Flammarion, 2018.

–, *Faire le ménage chez soi, faire le ménage en soi*, Marabout Poche, 2019.

Petit, Elvira, *Le Rangement, c'est maintenant*, Éditions Vigot, 2018.

Smallin, Donna, *Apprendre à jeter et simplifier sa vie. Désencombrer, trier, s'organiser, vivre mieux*, Éditions Larousse, 2016.

Yamashita, Hideki, *DAN-SHA-RI, l'art du rangement*, Éditions Autrement, 2016.

Remerciements

Je remercie particulièrement Virginie Plantard sans qui ce livre ne serait pas le même.

Merci à Guillaume Robert pour sa confiance renouvelée et la fulgurance de ses idées.

Cet ouvrage a été mis en pages par

<pixellence>

CET OUVRAGE
A ÉTÉ ACHEVÉ D'IMPRIMER
SUR ROTO-PAGE
PAR L'IMPRIMERIE FLOCH
À MAYENNE EN MARS 2023

N° d'édition : 601097-1 – N° d'impression : 102166
Dépôt légal : février 2023
Imprimé en France